FALLOBST

Systemverlag GmbH

© copyright by Tangens Systemverlag
1992, Hamburg
Illustrationen: Heinrich Joachim
Satz & Druck: EHS Druck GmbH, Hamburg
Printed in Germany
ISBN 3-926622-50-4

FALLOBST

Sinniges und Unsinniges
von Heinrich Joachim

„ Für B "

PROLOG

Pegasus, du Roß der Musen,
steh nicht so gelangweilt da;
laß dich nicht erst lang beschmusen -
trag mich an Eratos Busen
und zu Polyhymnia,

denn ich will von Liebe singen,
doch nicht nur von ihr allein -
insgesamt soll allen Dingen,
die im Leben Freude bringen,
mein Gesang gewidmet sein;

und ich würde es begrüßen,
wenn du, Leser, daraus lernst:
willst das Leben du genießen,
laß es dir durch n i c h t s verdrießen -
nimm's vor allem nicht z u ernst!

MOTTO

Der wahre Ernst ist heiter -
in jedem Spiel steckt Ernst;
du merkst es erst, je weiter
du dich davon entfernst.

Im Labyrinth des Lebens
verbirgt sich oft das Ziel;
du suchst es nie vergebens,
wenn du es suchst im - S p i e l !

TIERISCHES

DIE HERRSCHAFT DER TIERE

Die Menschen hatten keine Lust,
sich länger zu regieren;
sie wurden sich der Last bewußt
und überließen sie voll Frust
und Überdruß den Tieren.

Die dachten bei der Regelung
an eigene Kriterien
und gingen daher voller Schwung
und Kraft an die Erneuerung
fast aller Ministerien.

Die Neubesetzung traf daher
die folgenden Instanzen:
der Hase nahm das Militär,
die Schnecke kriegte den Verkehr,
die Elster die Finanzen.

Umweltminister ward das Schwein
und übte streng Vigilie;
der Specht sollt' Forstminister sein,
das Faultier stand für Arbeit ein,
der Kuckuck für Familie.

Die Tiere - schon nach einem Jahr -
gediehen dabei sehr;
jedoch den Menschen wurde klar:
das neue Kabinett - es war
nicht schlechter als vorher ...

VOM KRÄHEN UND GACKERN

Ob man uns die Beachtung schenkt,
die unserm Rang gebührt, das hängt
(und du wirst sehen, daß ich recht hab')
ganz überwiegend vom Geschlecht ab.

An Hahn und Henne kannst du's sehen:
sie pflegt zu gackern, er zu krähen;
doch findet bei ihr dann nur Krach statt,
wenn sie tatsächlich was vollbracht hat;

hingegen er - es ist zum Lachen -
kräht nur, um Hennen anzumachen
und pflegt die meiste Zeit im Leben
mit viel Getöse anzugeben -

kurz: er ist, schlicht gesagt, ein Schreier!
Doch sie legt wenigstens noch Eier;
und damit hat doch immerhin
ihr kurzes Leben einen Sinn!

Sogar auch noch ihr Tod, denn siehe:
aus ihr wird schließlich Hühnerbrühe!!
So geht sie ein ins Paradies,
doch er - er endet nur am Spieß ...

Du hast - so hoff' ich - mitgekriegt,
worin der Sinn des Lebens liegt:
er liegt - es wird dich kaum erstaunen -
ganz sicher nicht im Ausposaunen.

DER SCHWAN

In Mutters Schrank aus Eichenholz,
da steht ein weißer Schwan;
er steht dort würdevoll und stolz
und ist aus Porzellan.

Seit meiner Kindheit stand er hier,
beherrschte stets die Szene;
drum wurde er auch später mir
zum Vorbild aller Schwäne.

Wann immer einen ich geseh'n
auf Flüssen oder Teichen,
so zögerte ich niemals, den
mit jenem zu vergleichen.

Ich pflegte alle an dem einen
zu messen; doch ich fand:
in all den Jahren traf ich keinen,
der den Vergleich bestand.

Zwar hat der Herr am Schöpfungstage
sich große Müh' gegeben;
jedoch der Schwan - ganz ohne Frage -
der ging ihm wohl daneben!

Was mußte er sich denn auch lang
mit eignen Plänen quälen,
anstatt sich den aus Mutters Schrank
als Vorlage zu wählen?

STORCHENPROBLEME

Die Störche werden seltener;
wie ist das zu erklären?
Man glaubt, daß sie sich heut nicht mehr
so stark wie einst vermehren.

Der Grund dafür: es gäbe kaum
noch Frösche oder Kröten,
weil wir ihnen den Lebensraum
seit langem nicht mehr böten.

Ich denke, wenn ich sowas lese,
noch weiter, drum empfind' ich
die dargelegte Hypothese
als viel zu vordergründig.

In Wirklichkeit ist doch der Grund
(ich sag das mit Empörung!)
die Ächtung unsrer Märchen - und
die Sexualaufklärung!

Die Kinder in den Schulen werden
der Storchenmär beraubt;
was soll denn noch der Storch auf Erden,
wenn keiner an ihn glaubt?

KULTUR ...

Ein Storch in einer feuchten Wiese
frißt, was da kreucht und fleucht,
zumal Amphibien, denn diese
bevorzugen es feucht.

Er fängt vor allem Frösche als
Menue für die Familie;
doch er verspeist sie ohne Salz
und ohne Petersilie,

und zwar total, mit Haut und Haar,
nicht ihre Schenkel nur;
auf diese Art zeigt Adebar
nur wenig Eßkultur

und macht es grade dadurch mir
sehr schwierig, zu erkennen,
worin der Grund liegt, dieses Tier
Kulturfolger zu nennen;

denn er erweist sich (jedenfalls
wenn ich es richtig seh')
durch sein Verhalten eher als
Gourmand, denn als Gourmet.

FRESSEN UND GEFRESSEN WERDEN

Beim Fressen herrscht in Feld und Flur
erheblicher Betrieb;
dabei verwendet die Natur
ein einfaches Prinzip:

ein jeder frißt sich weidlich rund
und nutzt des andern Schwäche -
die Frösche fangen Fliegen, und
die Störche fangen Frösche.

Sie scheinen dabei ihren Schlund
nicht voll genug zu kriegen:
die Störche von den Fröschen, und
die Frösche von den Fliegen.

Nun müßte ja aus diesem Grund
viel größ're Vorsicht herrschen -
bei Fliegen vor den Fröschen, und
bei Fröschen vor den Störchen;

warum die Theorie nicht stimmt,
das ahnst du wohl bereits:
solch übertrieb'ne Vorsicht nimmt
dem Leben jeden Reiz!

PERLEN VOR DIE SÄUE

Ein Hühnchen mit naivem Sinn
für höhere Leidenschaft,
das hatte sich ganz heftig in
den Wetterhahn vergafft.

Der war zwar (wie das so der Brauch
bei Kirchen) schlecht besoldet,
doch dafür war er eben auch
ganz rundherum vergoldet!

So allem Irdischen entrückt
thront er im hellen Licht -
doch was ein Hühnerherz bedrückt,
das weiß er leider nicht.

Darum ist ihm auch allemal
so ganz und gar entgangen
des Hühnchens Glück, des Hühnchens Qual,
sein Hoffen und sein Bangen.

Das ist schon schlimm, doch kommt's noch schlimmer,
wenn es einmal versteht,
daß dieser eitle Gockel immer
nur nach dem Wind sich dreht!

DIE KLUGE GRASMÜCKE

Die Grasmücke ist mächtig klug:
nennt sich so nur zur Tarnung
und schnappt die Mücken sich im Flug
ganz ohne jede Warnung!

Den Mücken wird so suggeriert,
sie sei nur ihresgleichen ...
es ist doch wirklich raffiniert,
sein Ziel so zu erreichen!

Doch nicht genug - ist sie imstand,
sich listig so zu nennen,
dann muß sie, sagt uns der Verstand,
auch unsre Sprache kennen!

Drum hütet eure Zunge nur
beim Zärtlichkeiten-Tauschen,
falls ihr es tut in Wald und Flur -
sie könnte euch belauschen!

GENEALOGISCHES

Der Affe ist ein drollig Tier -
braucht etwas nur zu machen
(was es auch sei): schon müssen wir
von Herzen drüber lachen.

Warum wohl nur bei diesem Tier
und nicht etwa beim Löwen?
Auch nicht beim Adler, nicht beim Stier,
bei Schwalben oder Möwen?

Das macht, weil jenem man in hundert
banalen Dingen gleicht;
an diesen aber das bewundert,
was man selbst nie erreicht!

Und handeln wir wie Esel oft -
auch manchmal wie die Kälber -
im Affen seh'n wir unverhofft
(und ungeschminkt) uns selber!

Wie unser Spiegel wirkt das Tier,
jedoch - d a s ist es grade:
es handelt fast genau wie wir,
nur - ohne Maskerade!

So lachen wir darüber, und
zum Glück! Denn ich will meinen:
viel eher hätten wir wohl Grund,
darüber laut zu weinen.

SELBSTERKENNTNIS

Es sah sich einst ein Pavian
von respektabler Größe
ganz zufällig im Spiegel an,
erschrak sehr heftig, und besann
sich schmerzhaft seiner Blöße.

Sein Pelz bedeckte ihn nur karg,
erreichte kaum den Hintern;
die Nudität verletzte stark
sein Schamgefühl, darum verbarg
er sich vor Weib und Kindern.

Es machte sein Gemüt ganz krank,
veränderte sein Wesen;
erst, als in sein Bewußtsein drang:
die andern sind ja gleichfalls blank (!) -
begann er, zu genesen.

DIE HUMMEL

Ein allerliebster kleiner Pummel
ist unsre altvertraute Hummel.
Wir sehen sie mit viel Vergnügen
schwerfällig in die Blüten fliegen,
und auch ihr wuscheliger Flaus,
er sieht doch zu possierlich aus!

So ist sie denn mit Recht beliebt;
doch daß es auch Probleme gibt,
das wird man allerdings kaum wissen,
blickt man nicht h i n t e r die Kulissen,
denn ach, sie gilt - wer weiß das schon -
als fehlerhafte Konstruktion!

Die Wissenschaft hat es bewiesen:
für einen Körper, schwer wie diesen,
sind ihre zarten Flügel, ach,
um ihn zu heben, viel zu schwach!
Wie hebt sie dennoch ihr Gewicht?
Ganz sicher weiß man es noch nicht;

man ist für einen Fall wie diesen
mehr auf Vermutung angewiesen:
sie gleichet, glaubt man, in der Höh'
dem Reiter auf dem Bodensee,
der nächtens übers Eis getrabt
und dabei soviel Glück gehabt.

Hätt' er das Risiko gekannt,
als er verließ das feste Land,
er wär, so kann man wohl vermuten,
vor Angst versunken in den Fluten.
So geht es auch der Hummel eben:
sie weiß es nicht - drum bleibt sie schweben!

DER SIEG DES GUTEN

Eine Wespe fiel aus Gier
in einen Krug, gefüllt mit Bier.
Kaum lag das blöde Vieh im Topf,
stieg ihm der Alkohol zu Kopf.

Nachdem sie, zunehmend benommen,
ein dutzendmal im Kreis geschwommen,
hat schließlich aus der trüben Gischt
ein Tierfreund sie herausgefischt.

Sie hat's dem Retter schlecht gedankt
(der ja doch nur um s i e gebangt)
und hat ihn in die Hand gestochen -
die Schwellung wich erst nach zwei Wochen.

Ganz ohne Anzeichen von Reue
flog unser schnödes Vieh ins Freie
und, ohne sich um ihn zu kümmern,
ließ sie den Tierfreund einfach wimmern.

Bescheiden tat, als er genesen,
er so, als sei gar nichts gewesen ...
und bald darauf ward unser Held
denn auch bei "Greenpeace" eingestellt.

Die Wespe (wie das Blatt sich wendet!)
ist schon im nächsten Bier verendet -
so trifft doch alle mit der Zeit
die strafende Gerechtigkeit!

DIE EINTAGSFLIEGE

Sie las in einem Wochenblatte,
das sie sich ausgeliehen hatte,
und sah das Datum der Erscheinung;
und dabei kam sie zu der Meinung,

das Blatt (es war von letzter Woche)
sei aus vergangener Epoche.
Wir können dies ihr kaum verdenken,
wenn wir dem Fakt Beachtung schenken:

für uns sind es nur sieben Tage;
jedoch für sie - ganz ohne Frage -
verkörpern sie doch eine Menge
von siebenfacher Lebenslänge!

Es braucht nicht sehr viel Phantasie:
die Zeitung - für uns wäre die
wie aus dem 15. Jahrhundert -
hätt' uns solch Datum nicht gewundert?

Wenn wir es von der Seite sehen,
dann müssen wir ihr zugestehen,
den Inhalt dieses Blatts für alten
und antiquierten Quark zu halten;

und solcher interessiert nur spärlich.
Und schließlich - seien wir mal ehrlich:
wer heut das Blatt von gestern läse,
hielt' dies doch nur für alten Käse!

LEBENSLÄNGLICH

Einst kam's durch eine Eintagsfliege
in einem Schwarm beinah zum Kriege:
es hatten ihre Artgenossen
durch eine These sie verdrossen,

die hieß, wenn ich mich recht entsinne:
ihr Dasein, das um 6 beginne,
das sei, wie man's auch dreh' und wende
um 18 Uhr bereits zuende.

Kaum hatte sie den Satz gehört,
rief unsere Fliege tief empört:
sie würde keineswegs dran denken,
sich auf 12 Stunden zu beschränken -

sie habe, rief sie unumwunden,
ein Recht auf 24 Stunden
und würde jedenfalls mitnichten
auf eine einzige verzichten -

zum mindesten nicht ohne Not!
Jedoch sie war am Morgen tot;
und, wie es so zu gehen pflegt,
der Streit war damit beigelegt;

man lebte, wie es sich gehörte,
nichts war mehr, was die Eintracht störte;
und unter den Ephemeriden
herrscht seither wieder tiefster Frieden.

BERCHTIGTE FRAGE

Begibst du dich in einen Wald,
um Blaubeeren zu pflücken,
so triffst du in der Regel bald
auf Hunderte von Mücken.

Sie woll'n dir an den Lebenssaft;
doch schlauerweise erst,
wenn du die Hände vollgerafft,
damit du dich nicht wehrst!

Dringt dir ihr Kriegsgeheul ins Ohr,
wenn du da stehst, gebückt,
bereiten sie den Angriff vor
und machen dich verrückt.

Die erste Angriffswelle (in
gestaffelten Geschwadern)
bedeutet für dich den Beginn,
mit deinem Los zu hadern.

Zwar wähnst du dich durch's Hemd geschützt
(aus Leinwand oder Wolle),
doch wenn Du merkst, daß das nichts nützt,
verlierst Du die Kontrolle.

Denn da sie dich - so winzig klein
sie sind - entsetzlich plagen,
fällt dir am Ende nichts mehr ein,
als wild um dich zu schlagen.

Bald ist dein Hemd mit Blut getränkt
und übersät mit Leichen;
doch von den Hinterblieb'nen denkt
nicht eine dran, zu weichen!

So gierig ist die ganze Schar
nach deinem Blut bestrebt,
bis auch das letzte Exemplar
dir tot am Hemde klebt.

Man fragt sich, was wohl aus den Mücken
normalerweise wird,
wenn niemand sich zum Beerenpflücken
ins Blaubeerkraut verirrt?

Sie sterben Hungers ! Darum sei
die Frage hier erlaubt:
wozu - wenns's ja d o c h einerlei -
gibt es sie überhaupt?

DIE AMEISE

Sie hatte einmal ein Problem
und kam darob ins Grübeln.
Wer immer solch Problem hat, dem
kann man dies nicht verübeln.

Sie hatte immer unverzagt -
gefragt, wie sie denn heiße -
wohl 1000 Male schon gesagt,
ihr Name sei AMEISE.

Nun, jemand, dem auf dieser Welt
kein Ehrgeiz ist beschieden,
und der nicht viel vom Denken hält,
gibt sich damit zufrieden;

doch wem (wie ihr) es darum geht,
partout herauszukriegen,
was h i n t e r den Begriffen steht,
dem wird dies n i c h t genügen.

Ihr Hinterteil war ihr schon klar
(wenn sie es recht besah),
sie wußte ja, was "Meise" war -
doch wofür stand das "A" ?

Sie wußte zwar von Blau-, von Kohl-
und auch von Haubenmeisen;
doch dieses "A" (das war ja wohl
nicht von der Hand zu weisen),

das strahlte gar nichts aus und war -
wenn man es recht versteht -
ganz ohne jeden Zweifel bar
jeder Identität.

So kam's, daß sie sich EMSE nennt -
testiert vom Standesamt;
und keiner, der die Gründe kennt,
hat sie deshalb verdammt.

MEISTERLEISTUNG

Ein Hund auf seiner Abendrunde
an seines Herren Leine
benetzt mit Eifer - wie halt Hunde
dies gerne tun - die Zäune.

Doch wird dabei das teure Naß
nicht wahllos nur vergeudet -
die Hundefreunde wissen das,
und auch, was dies bedeutet.

Sei's auch der kleinste Pfahl, den er
des Netzens wert befindet -
stets wird an seinem Duft vorher
die Tauglichkeit ergründet.

Gedacht nun, er hält eine Stelle
für würdig - solchen Falles
läßt er aus der bewußten Quelle
beileibe nicht gleich alles -

nein! Er taxiert der Zäune Längen
präzis, mit größter Schärfe,
und hält entsprechend große Mengen
als Vorrat in Reserve.

Ein rechnerisches Meisterstück -
ich denke doch, die meisten
von uns vermöchten selbst mit Glück
solch Kunststück nicht zu leisten!

Stets sollte daher, denk ich mir,
es als verwerflich gelten,
ein derart hochbegabtes Tier
als blöden Hund zu schelten!

SCHIMPFLICHES

Wir tun dem Hund, dem braven Tier,
oft Unrecht, wenn du's recht siehst:
mit seinem Namen schimpfen wir
das Wetter nur, wenn's schlecht ist!

Das wirft kein gutes Licht auf uns -
doch nicht genug: genau
das gleiche Los wie das des Hunds
erduldet auch die Sau ...

Ich finde das recht undankbar
und nicht besonders schlau; und -
zu allem Übel hört man gar
auch noch das Schimpfwort "Sauhund"!

Stell dir mal vor, man schimpfte dich
"du Mensch !" (und zwar: verächtlich!),
das ärgerte dich sicherlich -
und gar nicht unbeträchtlich!

Doch: wär's auch alles andre, als
ein Anlaß, sich zu freuen -
verübeln könnt' ich's keinesfalls
den Hunden und den Säuen!

BISS EINER KREUZOTTER

Fühlt sie sich irgendwo gestört,
kommt's schon mal vor, daß sie sich wehrt;
bevor du wahrnimmst, daß es zischt,
hat sie dich meistens schon erwischt.

Und für den Fall, daß sie dich beißt,
gibt's einen guten Rat - das heißt,
mir scheint er nur bedingt zu taugen:
die Wunde sofort auszusaugen.

Traf sie nur eine deiner Zehen,
so mag die Sache ja noch gehen,
obwohl schon dies beschwerlich ist -
das weißt du, wenn du ehrlich bist.

Trotzdem gelingt's dir wohl zuletzt -
vorausgesetzt, daß du dich setzt.
Doch was ist, wenn ihr Zahn dich ritzt
just an dem Teil, mit dem du sitzt??

Gesetzt den Fall, du bist allein,
wird dir der Rat kaum hilfreich sein ...
ist jemand bei dir - schön und gut;
doch weißt du, ob er's dann auch tut?

I c h würde s t e t s zu Hilfe eilen,
sogar bei solchen Körperteilen;
ich glaube kaum, daß die mich störten -
nur käm's drauf an, wem sie gehörten ...

SELTENES EREIGNIS

Die Schleiche unterm Nessellaub
ist, was man schon nicht häufig findet;
doch: ist die Nessel etwa taub (!),
die Schleiche aber gar - erblindet (!!) -

dann grenzt dies schon ans Wunderbare -
du stehst ganz fassungslos daneben ...
und dies Ereignis, dieses rare,
das durfte ich heut selbst erleben ...!!!

ENTWICKLUNGSGESCHICHTE

Den Elefanten und die Mücke
bedrückte eine Wissenslücke:
sie debattierten hin und her,
wer erdgeschichtlich älter wär.

Die Mücke meinte, ihre Art
hätt' sich im Ursumpf schon gepaart,
der doch für sie - so sei's zu lesen -
das rechte Biotop gewesen.

Das macht den Elefanten böse,
denn er vertrat die Hypothese,
daß sein Geschlecht, wenn man so will,
vom Mammut stamme, dem Fossil,

das man entdeckt' im ew'gen Eis.
Auch fehle schließlich der Beweis
für das, was s i e behauptet hätte,
drum sei's erfunden - jede Wette!

Die Mücke aber sann auf Rache
und konterte: daß sie nicht lache!
und sprach sodann zum Elefanten:
i h r seid ja erst durch u n s entstanden -

du hast anscheinend nicht bedacht:
i h r werdet doch aus uns g e m a c h t !
Der Elefant, zutiefst beleidigt,
hat sich darauf nicht mehr verteidigt.

DARWINS POSTHUMER TRIUMPH

In Finnland lebte jüngst ein Elch,
der pflegte stets im Schnee
den Weg sich frei zu schaufeln - welch
verblüffende Idee!

Welch Sieg der Evolution!
Hätt' Darwin dies gelesen,
dann wär alleine dieses schon
ihm ein Triumph gewesen!

Schon viele Jahre forschte man
mit Sorgfalt und mit Fleiß
am eigentlichen Sinn und an
der Form des Elchgeweihs.

Nun endlich zeigte uns dies Tier
hoch aus Europas Norden,
wofür ihm seines Hauptes Zier
dereinst verliehen worden!

Jedoch vergeblich rätseln wir,
ob es auch Schnee g e f e g t ,
denn leider wurde dieses Tier
auf einer Jagd erlegt ...

DÜSTERE AUSSICHT

Vor Jahrmillionen lebte in
der Tiefe eines Meeres
ein Seeigel so vor sich hin,
und der erlitt viel Schweres.

Solang er reichlich Nahrung fand,
gedieh er auch gebührend;
doch aus dem Meere wurde Land -
und das war alarmierend.

Sein Lebensraum war gegen Schluß
des Perm fatal verkleinert;
dabei ist unser Echinus
so nach und nach versteinert.

So lag er zwischen Kies und Sand
des einst'gen Meers herum,
und nach Millionen Jahren fand
ihn das Diluvium.

Zu guter Letzt, im Holozäne,
da ward er gar verschoben
und kam in einer Endmoräne
mit viel Geröll nach oben.

Hier hätte nun das gute Stück
noch lang gelegen, aber
da fand ihn dann - welch Mißgeschick! -
noch ein Naturliebhaber.

Als Lehrer bracht' er seinen Fund
zu seinen Schülern, die
studierten bei ihm griechisch und -
vor allem - Zoologie.

So diente nun das arme Tier
zur besseren Anschauung
den Schülern als Exempel für
fossilische Verdauung.

O Mensch, nimm doch nur einmal an,
du würdest auch zu Stein,
um deinen Ur- Ur- Enkeln dann
ein Lehrobjekt zu sein;

dann dientest du am Ende gar
vielleicht als Evidenz
für ein mißglücktes Exemplar
des homo sapiens!

SCHWEINISCHES

Nach meinem Tod ist mein Gebein
ganz ausnahmslos verderblich;
ach, wäre ich doch nur ein Schwein -
dann wäre ich unsterblich!

Ich würde nämlich keinesfalls
im finstern Grab versinken;
aus mir würd' Eisbein, Wurst und Schmalz
und edler Katenschinken!

Und nichts - noch nicht mal Haut und Haar -
zerfielen dann zu Asche;
was einst so unansehnlich war,
wird Pinsel oder Tasche.

So schied' ich froh von dieser Erd',
und wenn das mal der Fall ist,
hätt' alles an mir seinen Wert -
sogar auch noch der Stallmist!

Die Werte, die mir armem Schwein
zeitlebens innewohnen,
die gingen in die Menschheit ein -
in höh're Dimensionen!

Man sieht - das Leben eines Schweins
gewinnt in hohem Maße;
drum: triffst du irgendwo mal eins,
dann rümpf nicht gleich die Nase!

GLEICHNIS

Einen Ochsen sah ich neulich
dreschend in der Mühle gehen;
und ich sah ihn dort getreulich
stampfend seine Runden drehen.

Und ich dachte mir: die meisten
derer, die durchs Leben schleichen,
scheinen haargenau dem feisten,
trägen Ochsen dort zu gleichen:

In der gleichen dumpfen Weise
trotten sie wie Myriaden
anderer nur stets im Kreise
auf längst ausgetret'nen Pfaden.

Ihnen ist der Wunsch nach neuen
Abenteuern längst erloschen;
und was sie so wiederkäuen,
ist schon zehnmal abgedroschen.

Hin und wieder lassen sie
sich zwar auch vom Hafer stechen;
doch sie merken praktisch nie,
wenn sie leeres Stroh nur dreschen.

Auch wenn's noch so schwer mir fällt,
wie ich mich durchs Leben boxe:
nicht um alles in der Welt
möcht ich leben wie der Ochse!

ICH WOLLT', ICH WÄR ...

Ich wollt', daß ich ein Seehund wär,
so munter und possierlich;
ich jagte hinter Fischen her
(und finge sie natürlich).

Ich möcht auch eine Möwe sein -
ich flög bei jedem Sturm
und säß im See auf einem Stein
(und manchmal auf dem Turm).

Ich wär auch gern ein Grizzlybär,
dann fühlte ich mich wonnig;
ich ging' in einem Pelz einher
und fräße Lachs und Honig;

und käm der Winter, ging' ich brav
zu Bett, und ganz behaglich
versänk ich in den Winterschlaf
(nur, für wie lang, wär fraglich).

Auch wär ich gern ein Schmetterling
(jedoch nur, insofern
mich dabei nicht ein Vogel fing' -
das hätte ich nicht gern),

wär d a s ein hübscher Zeitvertreib:
ich flög bald her, bald hin!
Doch manchmal denk ich auch, ich bleib
doch lieber, wer ich bin ...

MENSCHLICHES

HIMMEL UND ERDE

Der Adler schwingt sich in die Luft
hoch über Tal und Felder;
schwebt spähend über Felsenkluft,
und seinen kühnen Jagdschrei ruft
er laut durch Flur und Wälder.

Der Maulwurf - das weiß jedes Kind -
hat anderes Gepräge:
er ist mehr, wie Lemuren sind -
er lebt im Dunkeln und ist blind
und geht obskure Wege.

So sind auch wir: der eine ist
ein kühner Himmelsstürmer;
der andre, als Materialist,
hat seine Nase stets im Mist
und nichts im Sinn als Würmer.

ASPEKTE

Kornblumen blühten im Getreide,
am Feldrand leuchtete der Mohn;
am Tor zu seiner Kälberweide
stand Bauer Klaas mit seinem Sohn.

Der Junge sah die Kälber springen
und freute sich dran, wie sie's taten;
der Alte sah vor allen Dingen
in ihnen mehr den Sonntagsbraten.

So findet denn bei jung und alt
nicht alles ähnliche Beachtung;
darum erfährt die Schöpfung halt
die unterschiedlichste Betrachtung.

PRINZIPIEN

Die Mitwelt schätzt gewöhnlich nicht
den Menschen, der Gesetze bricht.
Nun fehlten diesem ja noch nie
Erfindungsgeist und Phantasie,

wann immer ihn die Absicht quälte,
sich zu beschaffen, was ihm fehlte ...
Damit ihm was zum Brechen blieb,
erfand er schließlich das Prinzip.

Das ist nun derart raffiniert
und genialisch konzipiert,
daß es ihn sogar unbedingt
gelegentlich zum Brechen zwingt,

sonst machte man ihm ohne weiter's
den Vorwurf des Prinzipienreiters,
und den kann er bekanntermaßen
unmöglich auf sich sitzen lassen -

man hielte ihn ja ungeniert
am Ende noch für kleinkariert;
und ihm würd' etwas unterschoben,
was seine Mitwelt ... (siehe oben).

So schuf er sich mit großer List
ein Spielzeug, das sehr praktisch ist;
das Geniale liegt darin -
es bringt ihm doppelten Gewinn:

Solang er ihm die Treue hält,
gilt er bei anderen als Held,
als Kämpfer gegen Lug und Trug;
und wenn er's bricht, auch noch als klug!

BEWEIS

Man sagt, es könnt' uns nicht gelingen,
geheime Laster zu bezwingen; denn unsre
Worte, unsre Taten, so heißt es, würden
uns verraten - verhindern könnten wir
es nicht. Ich halte das für ein Ge-
rücht - ich kann es an mir selbst
belegen: ich glaube kaum, daß
je die regen Begierden, die
in mir anschwellen, bei
dem Versuch, mir
vorzustellen,
wie andere
ein Gläs-
c h e n
schlürf-
ten,
sich
bei
mir
of-
fen-
baren
dürften;
und alles dies
beweist ganz klar,
was hiermit zu beweisen war.

ALTERNATIVEN

Ein Mensch, der seinen Lastern frönt,
wird von den andern bloß
schief angesehn und abgelehnt;
zumal, weil man von ihm argwöhnt,
er lebe zügellos.

Doch ist, wer sich in Tugend übt,
kaum besser dran, denn schließlich
macht er sich dadurch unbeliebt,
daß er sich meist moralisch gibt,
und das ist unersprießlich.

Wenn sich die Sache so verhält,
muß man sich diesbezüglich
doch fragen, wer sich besser stellt?
Ich denke, wer das Laster wählt,
lebt wenigstens vergnüglich!

VOLLKOMMENHEIT

Manch einer hält's für eine Schmach,
mit Fehlern stets zu leben,
und kommt so auf den Einfall, nach
Vollkommenheit zu streben.

Und der Erfolg? Nun - insofern
steht seine Sache schlecht;
ihm geht's meist wie bei Morgenstern
dem just bekehrten Hecht.

Er kriegt das Streben auch schnell satt,
weil er sehr bald entdeckt:
ein Mensch, der keine Fehler hat,
der macht sich nur suspekt

und ist sogar recht übel dran,
weil es an ihm nichts gibt,
was man ihm mal verzeihen kann -
er ist nur unbeliebt.

Das kann kaum seinem Wunsch entsprechen ...
So lasse er's beim alten
und trachte höchstens, seine Schwächen
etwas im Zaum zu halten.

Sein Streben nach Vollkommenheit
ist im Prinzip zwar möglich,
doch macht es ihn auch mit der Zeit
v o l l k o m m e n unerträglich.

GRENZEN

Man hat es - jeder wird es wissen -
mit Leuten oft zu tun, die müssen
auch schon bei kleineren Problemen
befürchten, sich zu übernehmen;
natürlich um so mehr bei allen,
die etwas aus dem Rahmen fallen.

Denn ihr Verstand gleicht sozusagen
in vieler Hinsicht ihrem Magen,
dem man ja auch nur das zutraut,
was er aus eigner Kraft verdaut;
und was herauskommt, ist gewöhnlich -
um's mild zu sagen - unansehnlich.

VOM WIEDERKÄUEN

Von Zeit zu Zeit läßt sich Luise
ganz wonnevoll im Grase nieder;
fühlt sich auf der geblümten Wiese
wie Eva einst im Paradiese
und käuet voller Inbrunst wieder.

Was immerhin den Schluß zuließe
(er drängt sich beinah auf dabei),
daß hier kein Mensch Luise hieße;
bzw. daß Luise
womöglich nur ein Rindvieh sei.

Damit man dies nicht vorschnell schließe,
scheint's angebracht, daß ich erwähne,
daß jede Albernheit - selbst diese -
sich trefflich wiederkäuen ließe,
ganz zweifellos auch ohne Zähne.

Und wer dies täte, der erwiese
doch letztlich d o c h (so will ich meinen)
als Rindvieh (etwa wie Luise);
wenn auch nur (um es ganz präzise
zu formulieren) auf zwei Beinen.

WENN ...

Es gibt (und gab zu allen Zeiten)
eine gewisse Art von Leuten,
die kann man - ohne zu verzagen -
niemals um ihre Meinung fragen.

Fragst du, was sie von etwas halten,
dann legen sie die Stirn in Falten
und halten ihren Kopf recht schief
und reden (nur im Konjunktiv):

ich würde denken ..., würde meinen ...,
und manchmal auch: fast will mir scheinen ...
Wie soll man dem Beachtung schenken?
Man will doch wissen, was sie denken,

und nicht, was sie wohl denken möchten,
falls sie denn überhaupt mal dächten!
Sie würden sich wohl überbürden,
wenn sie tatsächlich denken würden ...

WER DENN ?

Beim Schlaf in seiner Hängematte,
da stach ihn ein Insekt;
und als es ihn gestochen hatte,
ist es sogleich verreckt.

An welchem Umstand lag es wohl,
daß es so schnell krepierte?
War es vielleicht der Alkohol,
der ihm im Blut kursierte?

Durchaus nicht! Das Geheimnis ward
durch Obduktion gelüftet:
es hat an seiner Wesensart
das Tierchen sich vergiftet!

SELBSTBEHERRSCHUNG

Politikern und Diplomaten
ist beinah alles möglich -
man liest von ihren Wundertaten
ja schließlich beinah täglich.

Mich setzt von ihren Fähigkeiten
am meisten in Erstaunen:
sie sind beherrscht zu allen Zeiten
und zeigen niemals Launen!

Wenn zweie oder auch ein paar
sich irgendwo erblicken,
geht das so weit, daß sie sogar
das Lachen unterdrücken!

DIE GRÖSSERE KUNST

Bauchredner sind mit Fleiß bemüht
um eine Pose, die für jeden,
der ihnen zuhört, so aussieht,
als sagten sie nichts, wenn sie reden.

Erstaunlichere Tricks gelingen
Politikern; man muß sich fragen,
wie sie den Schein zustandebringen,
bei ihren Reden was zu sagen.

QUOD ERAT DEMONSTRANDUM

Rhetorik ist - wie man schnell sieht -
ein äußerst schwieriges Gebiet:

es überfordert beinah jeden,
zugleich zu denken u n d zu reden.

Politiker daher entscheiden
sich immer nur für eins von beiden.

Für welche von den beiden Gaben
sie letztlich sich entschieden haben,

wird deutlich offenbar für jeden,
der ihnen lauscht bei ihren - R e d e n ...

ANGLER

Im Schilf liegt still ein Kahn; an Bord
zwei Angler - keiner spricht ein Wort.
Auf diese rege Tätigkeit
verwenden sie enorm viel Zeit.
Man muß sich unwillkürlich fragen:
wie - haben die sich nichts zu sagen?

Vielleicht ist es nur Zufall, und
sie schweigen ohne tiefern Grund?
Womöglich sind sie ja auch nur
in Harmonie mit der Natur?
Die Absicht, welche beide hegen,
die spräche allerdings dagegen ...

Vielleicht läßt sich der Satz vertreten,
daß sie nur d e n k e n , statt zu reden?
Wenn ja, dann wissen diese beiden
geschickt den Anschein zu vermeiden;
wenn nicht - dann kann uns dies nur zeigen,
w i e g u t sie daran tun, zu schweigen!

SEEMANNSLOS

Ein Schiff fuhr auf dem Ozean
von Hamburg nach Kalkutta;
an Bord der erste Steuermann,
der schrieb an seine Mutter.

Kalkutta ließ ihm keine Zeit;
doch später, in Fernost,
bei passender Gelegenheit,
gab er den Brief zur Post.

Dort ging er auf den Rücktransport
(man schrieb Anfang September),
erreichte den Bestimmungsort
jedoch erst im Dezember.

Die Mutter schrieb die Antwort an
die Reederei in Kiel;
dort las sie unser Steuermann
zu Ostern, im April.

Eh' er erneut zum Schreiben kam
an Bord der "Amelie",
fuhr er bereits von Amsterdam
nach Washington D. C.

Zur Post ging dort der Steuermann,
jedoch die hatte zu;
das nächste Postamt fand er dann
in Lima, in Peru.

Kurzum - bei dieser Prozedur
war dies die Konsequenz:
sie hört von ihm im Winter nur
und er von ihr im Lenz.

Drum liest sie Weihnachten zumeist
von bunten Ostereiern;
und er hingegen muß (im Geist)
zu Ostern Christfest feiern.

So leben alle beide sie
mit zeitlicher Verschiebung;
doch das ist für die Phantasie
gar keine schlechte Übung.

SCHAURIGE BALLADE

Ein Seemann (morgens, noch halb blau)
erblickte eine Meerjungfrau.
Die war - wie üblich - leicht geschürzt,
drum hat er sich von Bord gestürzt,
um unten mit ihr anzubandeln.

Doch bald schon reute ihn sein Handeln,
denn unsre Meerfrau (gar nicht schüchtern)
umfing ihn kalt - da war er nüchtern,
jedoch sie selbst verschwand sofort ...

Und unser Maat, zurück an Bord,
erholte sich von diesem Schock
mit vier, fünf Tassen steifem Grog,
bis er, benebelt und verzückt,
die nächste Meerjungfrau erblickt'.

Mit dieser ging's genau so (leider);
dann kam die dritte usw.
Das ging so bis zur siebten, und
die bracht ihn völlig auf den Hund ...

O Mensch, hüt' dich im Morgengrauen
vor leicht geschürzten Meerjungfrauen!

DIE FOLGEN DES ALKOHOLS

Ein trunkner Seemann fuhr sein Schiff
bei Niedrigwasser auf ein Riff,
und durch das so entstandne Leck
drang Wasser in sein Unterdeck.
Nichts ahnend dachte er: nun gut -
ich warte auf die nächste Flut!

Bis dahin galt es sozusagen
fünf lange Stunden totzuschlagen;
doch in der Not (auch in der größten)
weiß sich ein Seemann stets zu trösten
und hält sich dafür allezeit
was Hochprozentiges bereit.

Schon um den Ballast zu begrenzen,
beschloß er nun, den Schnaps zu lenzen.
Die Flaschen waren bald geleert -
dem Seemann ging es umgekehrt;
und nach fünf Stunden kam dann eben
die Tide, um das Schiff zu heben.

Jedoch es hob sich keinen Zoll,
denn Schiff und Seemann waren voll.
Das Ende ist nun schnell berichtet:
der Seegang hat das Schiff vernichtet;
es brach nach kurzer Zeit entzwei,
und unsern Seemann fraß ein Hai.

Dem widerfuhr kaum Besseres -
er starb am Alkoholexzeß.
Die Fische, die den Haifisch fraßen,
die wurden alle gleichermaßen
von ähnlich hartem Los getroffen:
sie wurden nämlich so besoffen,

daß sie nach kurzer Zeit zusammen
nur noch in wirren Kreisen schwammen,
und landeten aus Nahrungsmangel
in Netzen oder an der Angel,
um gar - welch widriges Geschick! -
am Ende in der Fischfabrik

geköpft zu werden, filetiert,
hernach gekocht und mariniert
mit Hilfe dubioser Soßen
in gräßlichen Konservendosen.
Und alles dies - bedenk es wohl! -
nur ausgelöst durch Alkohol.

GEDANKEN

"Mein Kopf ist so gedankenschwer" -
der Satz verwundert mich doch sehr,
denn keine Million Gedanken
brächt'eine Waage je zum Schwanken,

weil sie - das weiß wohl jedes Kind -
viel leichter noch als Federn sind,
denn sie bestehn aus reinem Geist.
Und diese Tatsache beweist:

wenn unser Kopf mal schwerer wiegt,
dann kann man sicher sein: es liegt -
am Geiste? Gar nicht dran zu denken -
schon mehr an ... geistigen Getränken!

DAS RECHTE ALTER

Man hört oft mit Verärgerung,
man sei für dies und das zu jung,
drum solle man es lassen;
doch heißt es auch schon ziemlich bald,
man sei für dies und das zu alt -
es würde nicht mehr passen.

Egal, was man auch immer plant:
fast ständig wird man angemahnt,
zu jung, zu alt zu sein;
doch was noch sehr viel schwerer wiegt:
die Spanne, die dazwischen liegt,
ist nur so winzig klein!

Doch hilft's nichts, wenn du dich beschwerst,
drum frage lieber gar nicht erst
und hör nicht auf die Leute!
Was heißt zu jung, was heißt zu alt?
Wenn du was vorhast, tu es bald -
am besten noch gleich heute!

ORDNUNG

Man solle was auf Ordnung geben,
denn Ordnung sei das halbe Leben -
so oder ähnlich hört man sagen;
doch ich erlaube mir, zu fragen,
warum, zum Kuckuck, alle Welt
so viel vom h a l b e n Leben hält?
Gleichviel, ob Menschen, Tiere, Pflanzen -
gelebt wird schließlich nur im Ganzen!

Ich hoffe, daß es manchen gibt,
der so wie ich das Ganze liebt,
nicht nur die ordentliche Hälfte -
und sei es auch nur jeder zwölfte.
Zwar ziert's uns, just dem mühevollen
Teil unseren Respekt zu zollen;
doch wär es sträflich, unterdessen
die andre Hälfte zu vergessen.

Mir scheint, daß es nicht schaden könnte,
just dieser andern Komponente
das meiste Augenmerk zu gönnen,
da wir die erste sattsam kennen.
So mag, wer Lust hat, meinetwegen
die ordentliche Hälfte pflegen,
ich kümm're mich schon um den Rest -
vorausgesetzt, daß man mich läßt ...

DER KIRCHENSCHLAF

In einer Kirche Dämmerschein
bin ich einst sanft entschlafen
und träumte (wie könnt's anders sein)
von Hirten und von Schafen.

Die Orgel hat so schön gespielt,
der Pastor hat gepredigt;
da hab ich mich so leicht gefühlt,
so aller Last entledigt ...

In jener Predigt - glaub ich - da
ging es um ein Vermächtnis;
doch ist, was in dem Traum geschah,
mir kaum noch im Gedächtnis;

ich war, wenn ich mich nicht geirrt,
im Traume ziemlich brav;
daraus schloß ich, daß ich nicht Hirt
gewesen, sondern Schaf ...

Warum ich dieses aufgezeichnet?
Hört schaudernd die Enthüllung:
Was sich im Kirchentraum ereignet,
geht, sagt man, in Erfüllung!

DIE BEICHTE

Es hatten einst zwei Theologen
die Frage unter sich erwogen,
ob man durch eine Ohrenbeichte
die Absolution erreichte -

vor allen Dingen, was dabei
denn eigentlich entscheidend sei.
Der eine meinte, daß die Reue
den Sünder von der Last befreie;

dem Kontrahenten war hingegen
besonders stark daran gelegen,
zu zeigen, daß für ihn gerade
vor allem der Aspekt der Gnade

den allergrößten Vorrang hätte ...
so stritten sie nun um die Wette,
und jeder hielt ganz vehement
seins für das stärkste Argument.

Doch ich als Laie sage hart:
das ist ein Streit um Kaisers Bart -
kurzum: was ich entscheidend finde
an jeder Beichte, ist - - die Sünde!

DER BUMERANG

Ein Aboriginal - so krank,
daß er in Depression versank,
gab seinem Stamm zu denken;
der aber zögerte nicht lang -
beschloß, ihm einen Bumerang
als Therapie zu schenken.

So fertigte man einen an
und brachte ihn dem kranken Mann.
Doch dieser sprach: "Was soll ich
mit diesem Wurfgeräte hier -
ich habe ja davon schon vier,
drum find ich das recht drollig!"

Der Stammesälteste sprach schnell:
"Dies ist das neueste Modell -
wird nicht so bald veralten,
wie Deine andern; insofern
sind die schon lange unmodern -
ich würd' sie nicht behalten."

Nach langer Übung mit dem neuen
begann er, sich daran zu freuen;
die alten - wie er fand -
die gingen ihm bald auf die Nerven.
Doch beim Versuch, sie wegzuwerfen,
verlor er den Verstand ...

GELERNT IST GELERNT

War einst ein Figaro, dem war es
seit je ein Wunschtraum, zu entdecken,
ob wohl im Innern eines Haares
Geheimnisse verborgen stecken.

Um Aufschluß drüber zu erhalten,
versuchte er mit Akribie
und viel Geduld, ein Haar zu spalten,
doch - leider - es gelang ihm nie.

Daß ihm stets der Versuch mißraten,
erzählte er - auf Mitleid zielend -
beiläufig einem Advokaten,
und dem - - gelang das Kunststück spielend ...

FORTSCHRITT UND MORAL

Man hört oft Leute davon sprechen,
es gäbe immer mehr Verbrechen;
wobei sie zu der Ansicht neigen,
die große Zahl von Kraftfahrzeugen
vermehre der Verbrechen Zahl
der eigenen proportional.

Hingegen: die Statistik lehrt,
es sei gerade umgekehrt -
daß nämlich ihre Zahl aufs neue
sich fallender Tendenz erfreue.
So gibt es heut - bei aller Liebe -
z. B. kaum noch Pferdediebe!

Das Auto ist - behaupt' ich kühn -
daher zu Unrecht so verschrien.
Es wäre falsch, es zu verteufeln,
und logisch (kann man da noch zweifeln?),
wenn wir in ihm, statt es zu schmähen,
moralische Aspekte sähen!

NATUR

Der Ruf nach Rückkehr zur Natur
klingt - mit Verlaub - abstrus,
weil sich zwar alle dieser Kur
gern unterzögen, aber nur
ja bitte nicht zu Fuß!

Wenn es nach ihnen ginge, reisten
ins angestrebte Ziel
am allerliebsten wohl die meisten
von denen, die ihm Folge leisten,
mit dem - Automobil.

EIN ALTES LIED, etwas aktualisiert

Zehn kleine Negerlein,
die gingen mal in ein
Theater in Johannesburg,
da war'n es nur noch neun.

Neun kleine Negerlein,
die kämpften um die Macht;
der Stammesfürst ward massakriert,
da war'n es nur noch acht.

Acht kleine Negerlein,
die trafen beim Verschieben
von Elfenbein auf Polizei,
da blieben nur noch sieben.

Sieben kleine Negerlein
verlasen einen Text
von Luther-King vorm Ku-Klux-Clan,
drauf waren sie zu sechst.

Sechs kleine Negerlein
empfanden dies als Schimpf
und zogen deshalb vor Gericht -
da waren es dann fünf.

Fünf kleine Negerlein
verdingten sich am Pier;
sie waren nicht organisiert -
so waren sie bald vier.

Vier kleine Negerlein
verließen die Transkei;
am Grenzpaß nach Basutoland
war'n sie dann nur noch drei.

Drei kleine Negerlein,
die glaubten wohl, es sei
ein Kinderspiel, mit "Schnee" zu dealen,
so blieben nur noch zwei.

Zwei kleine Negerlein,
die gönnten sich was Feines;
der eine starb am gold'nen Schuß -
so blieb halt nur noch eines.

Und dieses letzte Negerlein
verlor darauf die Lust
am Leben, darum schoß es sich
'ne Kugel durch die Brust.

RESÜMEE

Der Urtext - das sei zugegeben -
ist hübscher als mein neuer;
dafür ist halt der meine eben
viel wirklichkeitsgetreuer.

Man sollte sich im klaren sein
(bei allem Sinn für Spaß):
noch nie starb je ein Negerlein,
nur weil es Rüben aß!

Die Mengen, die nach Einverleibung
zum Tode führen können,
kann man wohl ohne Übertreibung
getrost unmenschlich nennen.

Das ist es doch - ich hab gehofft,
das merken selbst Sextaner:
im Urtext stirbt sich's grad so oft -
doch keineswegs humaner!

ZAHLENMYSTIK

Die Vier ist eine edle Zahl,
sie hat so etwas Hehres:
wo sie erscheint, gibt's allemal
was höchst Bedeutungsschweres.

Z. B. kannst du im Re-vier
oft bis zum frühen Morgen
Gendarmen walten sehn, die hier
für Zucht und Ordnung sorgen.

Der Pfarrer, liest er im Bre-vier,
sich seiner Sünd' entledigt;
was er dort las, das sagt er dir
am Sonntag in der Predigt.

Und hörst du gar auf dem Kla-vier
Beethovens "Für Elise",
gefiel' von allen Weisen schier
dir keine so wie diese!

Drum wund're dich nicht, wenn ich frei
von Zweifeln konstatiere:
der guten Dinge sind nicht drei -
es sind entschieden viere!

KRITISCHE ANMERKUNG

Hier fragt sich nun der Rezensent,
ob sich der Autor nicht
zu einem falschen Schluß verrennt
im obigen Gedicht?

Das miserable Opus zeigt,
daß jener - stellt er fest -
zu einer Logik sich versteigt,
die sehr zu wünschen läßt,

denn die Exempel, die er frei
von Hemmungen zitierte,
sind - wenn er zählen kann - nur drei,
wo bleibt denn da das vierte?

ERWIDERUNG

Verehrter Rezensent, ich sah
aus dem, was Sie da schreiben,
daß dies aus Unkenntnis geschah;
darum darf die Philippika
nicht ohne Antwort bleiben.

Ich konstatiere erst einmal,
daß Sie mich mißverstehen,
wenn Sie das Wesen einer Zahl
ganz vordergründig-trivial
nur in der A n z a h l sehen.

Die Zahl nur so zu sehen, heißt
ihr Wesen zu verkennen;
entscheidend ist doch wohl ihr Geist,
der uns in ihre Tiefen weist,
die wir dämonisch nennen.

Ich bin - verstehen Sie - in diesen
Kategorien kleinlich -
dies hat sich hier erneut erwiesen.
trotzdem bin ich mit vielen Grüßen
stets Ihr

     Joachim (Heinrich).

NACHWORT

Der Brief blieb ohne Resonanz,
das sei hier angemerkt;
doch grade dieses hat mich ganz
und gar darin bestärkt,

daß letztlich doch mein Argument
an ein Geheimnis rührt,
das auch der schärfste Opponent
ganz tief im Innern spürt.

Denn ewig steht und unverrückt,
was einst schon Plato lehrte;
und ich empfinde tief beglückt,
daß ich verstanden werde.

VON FRÖSCHEN UND PRINZEN

Es gibt ein Märchen, das am Schluß
von einem Frosche handelt,
der sich durch einer Jungfrau Kuß
zu einem Prinzen wandelt.

Dies Märchen pflegt die Phantasie
von Jungfrau'n anzuregen -
vor allen Dingen derer, die
den Wunsch nach Prinzen hegen.

Nun gibt es viele Jungfern, die
den Froschkuß auf sich nähmen,
wenn sie dabei nur irgendwie
zu einem Prinzen kämen;

auch pflegt ein Prinz sich dann und wann
als Frosch herauszustellen,
doch äußerst selten hörte man
von umgekehrten Fällen ...

Was folgt aus den genannten Gründen?
Die meisten Jungfern müssen,
bevor sie e i n e n Prinzen finden,
s e h r v i e l e Frösche küssen!

VON MÄUSEN UND MENSCHEN

An jedem Abend in der Woche,
wenn alle Menschen ruh'n,
dann kommt die Maus aus ihrem Loche,
wie Mäuse das so tun.

Ganz still und heimlich sucht die Maus
nach auffreßbaren Sachen
und huscht dabei durchs ganze Haus -
wie Mäuse das so machen.

Sie holt sich das in ihr Versteck,
was andere vergessen:
ein Krümchen Brot, ein Stückchen Speck -
was Mäuse halt so fressen.

Die Menschen, die den Krümel Brot
der kleinen Maus nicht gönnen,
die schlagen sie deswegen tot -
wie's Menschen halt so können ...

GESPENSTER

Im Kämmerlein bei mir zuhaus
da spukt es nachts gefährlich:
es tapst und schlurrt und kratzt - o Graus -
und winselt unaufhörlich.

Was sind das für Gespenster, die
mich quälen bei der Nacht?
Es sind Gedanken, die ich nie
zuende hab gedacht.

Sie leben unvollständig als
verstümmelte Geschöpfe -
so manchem fehlt ein Bein, der Hals,
und manchen gar die Köpfe.

So müssen diese armen Wesen
erbärmlich sich verrenken;
ich müßte, um sie zu erlösen,
sie erst zuende denken.

O Mensch, mach niemals halben Kram,
sonst kann ich dir versprechen:
das Stückwerk wird sich wundersam
an seinem Schöpfer rächen!

GLÜCK (für B.)

Ich liebe es, von Zeit zu Zeit
durch Stock und Stein zu klettern;
da fand ich - welche Seltenheit! -
ein "Glücksklee" mit vier Blättern.

Ich wertete den Zufall als
ermutigendes Zeichen:
das Glück ist demnach jedenfalls
durch jeden zu erreichen,

der sich, wo immer er auch sei
in dieser krausen Welt,
empfänglich zeigt, und stets dabei
die Augen offen hält.

Das Glück, es ist durchaus nicht blind;
es läßt uns sogar hoffen:
für uns - wo immer wir auch sind -
liegt es stets gänzlich offen;

es pflegt sich hin und wieder zwar
im Wirrwarr zu verstecken,
doch ist es jedem auffindbar -
wir müssen's nur entdecken!

Drum schau die Welt, wo du auch stehst,
mit wachem, hellem Sinn
für jedes Glück am Weg! Sonst gehst
du achtlos drüber hin.

UNLIEBSAME STÖRUNG

Ein Mittagsschläfer, dösend, hört
ein Brummen, welches ihn sehr stört;
auch kommt es ihm beinah so vor,
als sei es nah an seinem Ohr -

ein Ohrensausen, wie er glaubt ...
doch nein: was ihn des Schlafs beraubt,
entpuppt sich bald als brummelige,
ganz ordinäre Stubenfliege.

Nun kann solch Vieh - wir werden's sehen -
uns ganz schön auf die Nerven gehen;
was unsern Schläfer nun betraf:
ihm raubte es nicht nur den Schlaf,

nein, auch sein Steuerungsvermögen;
und ließ ihn gar Gedanken hegen
an - o wie gräßlich klingt dies Wort -
an nackten und brutalen Mord!

Und diese seelische Verrohung
erwächst der Fliege zur Bedrohung,
die ihr jedoch die Sinne schärft,
wenn sie ihn periodisch nervt.

Und jede solche Periode
verläuft nach folgender Methode:
zunächst erfolgt mit lautem Schwirr'n
die erste Landung auf der Stirn;

das führt beim Schläfer meistens schon
zu einer Überreaktion ...
Doch wenn er hofft: nun ist's vorbei,
dann kommt gewöhnlich Phase zwei:

es dauert nämlich gar nicht lange,
da landet sie ihm auf der Wange;
das pflegt bei ihm, nach kurzem Dösen,
die gleiche Wirkung auszulösen ...

Schlägt er die Augen auf (im Zorn),
sitzt sie meist auf der Decke vorn -
ganz friedlich (aber nur zum Scheine!)
und putzt sich ihre Vorderbeine.

Schließt er beruhigt seine Lider,
hockt die schon auf der Stirne wieder ...
So einfach, aber effektiv,
beschäftigt sie ihn intensiv,

bis ihm dann, gänzlich abgerackert,
der Wahnsinn aus den Augen flackert,
und er - geschlagen und vernichtet -
auf seinen Mittagsschlaf verzichtet ...

Doch sie (ganz scheinheilig, wie immer)
fliegt noch ein paarmal durch das Zimmer,
bis sie, geködert durch Gerüche,
verschwindet (meistens in der Küche).

URLAUBSGRÜSSE

Zur Sommerzeit, gewohnterweise,
pfleg' ich auf meiner Urlaubsreise
die Zeit mir köstlich zu vertreiben;
doch dabei auch noch Briefe schreiben -

das kann man nicht von mir erwarten;
mir reichen schon die Ansichtskarten
an Tante Frieda, Onkel Franz,
an Müllers und an Tiedemanns,

sowie an diesen und an den
und an - ach, weiß der Kuckuck wen ...
Doch schreibe ich: "Hier ist was los,
die Sonne lacht, mir geht's famos ...",

dann ist es denen meist nicht recht
(dieweil daheim das Wetter schlecht);
und ich erwecke nur den Neid
auf meine schöne Urlaubszeit.

Drum sollte man sich angewöhnen,
auf Urlaubskarten nur zu stöhnen;
denn jedem tut man dann von allen
den allerwichtigsten Gefallen:

er kann sich am Bewußtsein laben,
im Grunde nichts versäumt zu haben,
und denkt, wenn man ihm so geschrieben:
Wie gut, daß ich daheim geblieben!

PEINLICHE BEGEGNUNG

Ein Mann, in einer Sauna sitzend
und dort entspannt-vergnüglich schwitzend,
trifft hier auf eine hochachtsame,
ihm äußerst wohlbekannte Dame,

die er, weil sie sehr vornehm ist,
sonst ehrfurchtsvoll und förmlich grüßt -
hier ausgerechnet hockt sie ihm
nun vis à vis - in d e m Kostüm!

Was mach ich nur - denkt er verzweifelt -
die Sache ist auch zu verteufelt:
grüß ich sie hier vor aller Welt,
fühlt sie sich vielleicht bloßgestellt,

dann hab ich es mit ihr verdorben -
er wär vor Scham beinah gestorben
und ringt daher verkrampft und zäh
nach einer rettenden Idee.

Ich könnte - grübelt er behende -
so tun, als ob ich sie nicht kennte;
doch während er noch drüber grübelt,
denkt er: und wenn sie's mir verübelt?

Ich schieb es einfach - denkt er stille -
auf die heut nicht benutzte Brille!
Jedoch die Ausflucht scheint ihm kläglich -
man trifft sich schließlich beinah täglich!

Gequält sucht er nach einer guten ...
Nach endlos scheinenden Minuten
(und zwar sehr peinlichen und bangen)
grüßt s i e ihn - völlig unbefangen.

PHYLOGENETISCH

Die Frauen und die Frösche haben -
auch außer den zwei Erstbuchstaben -
seit Adams (oder Evas) Zeiten
drei weitere Gemeinsamkeiten:

Sie haben erstens einen starken
und ausgeprägten Hang zum Quaken;
die zweite Eigenart ist diese:
sie haben ständig kalte Füße;

und drittens haben beide immer -
die Frösche wie die Frauenzimmer -
(wer Ohren hat, zu hören, horche!)
die allergrößte Angst vorm Storche.

Nur eines (darauf kann man bauen),
das haben unsre lieben Frauen
den Fröschen eindeutig voraus:
sie sehen meistens besser aus.

SAGENHAFTES

DIE WAHREN MOTIVE

Wenn Zeus versuchte, anzubandeln,
war er als Göttervater
stets drauf bedacht, sich zu verwandeln;
auf diese Weise trat er

incognito meist auf - bei jeder
als völlig andres Tier:
als Schwan erschien er einst der Leda,
Europa gar als Stier.

Ich finde das jedoch recht komisch;
denn wie in aller Welt
hat er sich nur - rein anatomisch -
die Sache vorgestellt?

Es könnte außerdem nicht schaden,
doch hier einmal zu klären,
ob seine vielen Eskapaden
bekannt geworden wären,

wenn er nur unter strengster Wahrung
olymp'scher Etikette
den Damen seine Offenbarung
ins Ohr geflüstert hätte.

Man ahnt, worauf er bei Umgarnung
der Schönen allemal
bedacht war: es ging nicht um Tarnung -
er suchte den Skandal!

DIE KLEINE MEERJUNGFRAU

Sie fuhr - obgleich nicht mehr ganz jung,
doch immerhin noch ledig -
weil sie auf Luftveränderung
bedacht war, nach Venedig

und nutzte die Gelegenheit,
um dort - wie manche Frauen
dies gerne tun - von Zeit zu Zeit
nach Männern auszuschauen.

Als mythologische Natur
traf sie sehr zum Bedauren
auf ihrer Suche freilich nur
auf Satyrn und Kentauren.

Doch war die lockre Disziplin
der erst'ren ihr suspekt;
die Art, sich auszudrücken, schien
ihr etwas sehr direkt.

Bei letzteren hingegen käme -
das ahnte sie im Nu -
eins jener leidigen Probleme
in Kürze auf sie zu,

das hier - dies war ihr völlig klar
(sie fand das auch nicht komisch) -
im Grunde nicht zu lösen war -
schon gar nicht anatomisch ...

So war in puncto Liebesglück
der Urlaub fehlgeschlagen;
und sie fuhr ungeküßt zurück
ins kühle Kopenhagen.

DES TEUFELS RACHE

Der Teufel hätt' im Himmel gern
fürs Fernseh'n die Lizenz;
darum begab er sich zum Herrn
und bat um Audienz.

Der zeigte für das Medium
zunächst nicht viel Interesse -
der Teufel zeigte ihm darum
den Mitschnitt einer Messe.

Des Herren Miene wurde mild,
er schien sogar im ganzen
versöhnt, doch da begann das Bild
zu wackeln und zu tanzen.

Zugleich begann der Apparat
ganz fürchterlich zu rauschen -
der Herr konnt' dem Magnificat
nun nicht mehr länger lauschen.

Er hatte sich darüber bald
in großen Zorn gesteigert
und darum auch dem Teufel kalt
die Zulassung verweigert.

Der Teufel hat zwar schnell versucht,
zu retten seine Felle;
der Herr, der sonst noch nie geflucht,
der wünschte ihn zur Hölle.

St. Georg, der grad mit dem Schwert
den Apparat zertrümmert,
hat zufällig den Wunsch gehört
und sich gleich drum gekümmert.

Der Teufel, der auf Rache sann,
begann, die armen Seelen
von dem besagten Tage an
mit F e r n s e h e n zu quälen.

SCHATTENSEITEN

Gott hatte just die Welt erschaffen.
Es gab die Menschen und die Affen;
jedoch allmählich schälte
es sich heraus, daß irgendwie
der letzte Tüpfel auf dem i -
kurz, daß der Dichter fehlte.

Er war der Ansicht, es bedürfe
dazu wohl mehrerer Entwürfe;
und als er dann von denen
den ersten prüfte, warf er ihn,
weil er ihm nicht gelungen schien,
zum Kehricht und den Spänen.

Dem Teufel schien dies recht zu sein;
er brach nachts in die Werkstatt ein
und stahl ihn aus dem Mist -
was sich als sehr fatal erwies:
als er ihm seinen Geist einblies,
entstand ein - Journalist.

WOLKENGESCHICHTEN

Am Horizont steht eine Wolke
ganz groß und weiß, und die
gehört zum munt'ren Gauklervolke
der hübschen Cumuli.

Denn schaukeln sie im Wind empor
in höhere Gefilde,
dann gaukeln sie mir dabei vor
die herrlichsten Gebilde.

Mit frommem Schaudern seh ich sie
als Feen und Ungeheuer;
am Firmament bestehen sie
die kühnsten Abenteuer!

Ich seh dem wilden Höllengaul
ganz stumm-ergriffen zu;
mit gierig aufgeriss'nem Maul
jagt er die Himmelskuh ...

Die wird vom großen Weltengeist
allabendlich gemolken;
und wach' ich auf, dann fall ich meist
dabei aus allen Wolken!

FAST UNERFÜLLBAR

Unlängst erreichte unsern Mond
beim Kreisen um die Erde
von dieser - völlig ungewohnt -
geharnischte Beschwerde.

Sie gab ihm zu verstehn, daß er
sie noch zur Weißglut triebe,
sofern sein Unfug mit dem Meer
nicht schleunigst unterbliebe.

Durch dieses albern-dumme Spiel
entstünde für fast jeden
der Kontinente täglich viel
Verdruß durch Küstenschäden.

Der Mond, pikiert, wies die Kritik
zurück: das sei am Ende
nur eine Frage der Physik,
und daß sie ihn mal könnte ...

Die Erde brummte: gern! Doch wie
denn solle dies geschehen?
Sie kriege ja d i e Seite nie
beim Umlauf je zu sehen!

Sehn wir den Fall in diesem Licht,
wird klar: des Mondes Willen
kann unsre gute Erde nicht
aus eigner Kraft erfüllen;

w i r wären notfalls in der Lage,
durch Landung auf dem Mond.
Es stellt sich allerdings die Frage,
ob d a s d e n Aufwand lohnt ...

MYTHOLOGISCH

Die Sonne hatte sich verliebt,
jedoch sie war sehr schüchtern;
du staunst darüber? Sowas gibt
es auch bei Himmelslichtern!

Der Auserwählte war ein Berg
und stand gerade da,
wo sie auf ihrem Tagewerk
ihn jeden Abend sah.

Und seit sie ihn zuerst geseh'n,
mocht' sie ihn nicht mehr missen;
drum pflegte sie vorm Schlafengeh'n
ihn abends gern zu küssen,

so oft sich die Gelegenheit
zu einem Kusse bot.
Doch wird sie vor Verlegenheit
noch jedesmal ganz rot.

METAMORPHOSEN

Es war einmal
ein Sonnenstrahl;
am Anfang der Geschichte
bestand er nur
ganz rein und pur
aus klarem, hellem Lichte.

Auf unserm Stern,
da wär er gern
abseits vom großen Lärme;
er fuhr hinein
in einen Stein
und wurde dort zu Wärme.

Am Stock die Reben -
ganz dicht daneben -
die wärmten sich die Füße;
er wärmte stark
das Traubenmark
und wurde so zur Süße.

Die Winzersleut',
nach kurzer Zeit,
die kelterten das meiste;
er gor mit Macht,
und über Nacht,
da wurde er zu Geiste.

Ein Mägdelein,
das trank den Wein,
und ich war auch dabei;
die Äugelein,
sie strahlten fein -
da war er wieder frei.

TEUFELSLEGENDE

Ein Mönch, der sich im Fasten übte,
bekam auf einmal Zweifel,
ob ihn der Herr auch dafür liebte -
da traf er auf den Teufel.

Den bat er dringlich, ihm zu sagen,
wie er darüber dächte;
vergaß auch nicht, danach zu fragen,
ob er ihm raten möchte.

Der - Widerspruch erwartend, weil
er den sonst stets erlebte -
riet ihm genau das Gegenteil
von dem, was ihm vorschwebte.

Der Mönch war sehr naiv, er roch
hier nicht des Teufels Braten;
so tat er letzten Endes doch,
was dieser ihm geraten

und machte so - das ist der Clou
an unserer Geschichte -
dem alten Taktiker im Nu
den schlauen Plan zunichte.

Dem reinen Toren nur gelingt
es in den meisten Fällen,
daß er den Teufel dazu bringt,
sich selbst ein Bein zu stellen

und sich dabei erneut erweist
als Teil von jener Kraft,
die stets nur Böses will, doch meist
nur Gutes dabei schafft.

FABELHAFTES

WER ZULETZT LACHT ...

Ein Fuchs stritt sich mit einer Krähe
um einen überfahr'nen Hasen
und wollte sie nicht in die Nähe
der hochwillkomm'nen Beute lassen.

Die Krähe, die nun ihrerseits
dem Fuchs den Braten auch nicht gönnte,
bedachte während ihres Streits,
wie sie ihn überlisten könnte.

Nun wußte schon de La Fontaine
vom Fuchs so manches Lied zu singen,
und daß es aussichtslos war, den
durch List in Schwierigkeit zu bringen.

Des eignen Hungers eingedenk
griff jeder jeden heftig an;
so lockte schließlich ihr Gezänk
sehr viele Gaffer auf den Plan.

Geschickt gelang es jedenfalls
der Krähe, diese zu verprellen
und ihren Kontrahenten als
des Hasen Mörder hinzustellen.

Der Fuchs - in seinem Ruf lädiert -
er reagierte sehr gerissen
und hat vom Fleck weg ungeniert
die Krähe einfach totgebissen.

Die Gaffer haben selbstverstäöndlich
streng über Reineke gerichtet ...
Doch die Geschichte zeigt letztendlich
nur, daß eine schlechter Ruf verpflichtet.

DIE ESELSBRÜCKE

Zwei Esel querten eine Brücke,
und auf der Hälfte der Distanz,
da stach den einen eine Mücke
an einer Stelle unterm Schwanz.

Der Esel, nicht ganz in der Lage,
den Vorgang richtig zu durchschau'n,
begann alsbald mit kräft'gem Schlage
gewaltig hinten auszuhau'n.

Den andern traf der Schlag empfindlich -
er war mit Recht zutiefst beleidigt;
und darum hat er sich auch gründlich
und nicht ganz ohne Grund verteidigt.

Man keilte sich mit allen Vieren,
man langte hin (und nicht zu schwach);
der Streit begann zu eskalieren -
und welcher Esel gibt schon nach!

Wen wunderts, daß bei dem Getümmel
die schwache Brücke schließlich brach!
Die Esel, wie aus heiterm Himmel,
sie fanden schwimmend sich im Bach.

Und die Moral aus diesem Stücke?
Du kannst der größte Esel sein -
doch über eine Eselsbrücke
gehst du am besten nur allein.

DREIECKSVERHÄLTNIS

Es bildete ein Schenkelpaar
einst einen rechten Winkel;
von ganz verschied'ner Länge zwar,
doch deshalb ohne Dünkel.

Sie hatten alle beide sich
(wie es das öfter gibt)
Hals über Kopf und inniglich
in e i n e Maid verliebt.

Doch diese (um genau zu sein:
sie hieß Hypotenuse)
ließ sich mit allen beiden ein,
und das ist das Abstruse.

Doch damit waren schon die drei
Bedingungen vorhanden,
die dazu führten, daß hier zwei
Verhältnisse entstanden,

die nun gar von der Wissenschaft
ganz frei und ungeniert
(obwohl sie doch höchst zweifelhaft)
noch wurden sanktioniert:

sie nennt seit Adam Riese schon -
den Schülern zum Verdruß -
besagte Doppel-Liaison
S i n u s und C o s i n u s.

Doch unsereinen wundert's nicht,
daß, wer das Leben kennt,
den skandalösen Zustand schlicht
"Dreiecksverhältnis" nennt.

VICE VERSA

Ihr hartes Los gab mir noch lang
Veranlassung zum Grübeln,
drum wird man mir den Nachgesang
(so hoff' ich) nicht verübeln.

Ganz ohne Einsicht und Verstand
sind unsere Katheten
in dieses Mißgeschick gerannt -
mit Pauken und Trompeten!

Wenn man es richtig überlegt,
bedurft' es einer Wende;
drum sann und sann ich unentwegt,
wie ich wohl helfen könnte ...

Da dacht' ich an Pythagoras
und wußte endlich Rat:
ich machte mir den Riesenspaß
und hob sie ins Quadrat!

In diesem Zustand jedenfalls
war schließlich s i e die Dumme,
denn sie war nun nichts weiter als
von beiden nur die Summe!

GEOMETRISCHES

Wenn ich manchmal so überlege,
welch krumme und verschlung'ne Wege
man häufig bis zum Überdruß
in seinem Leben gehen muß,
bis man dann - irgendwann (vielleicht?) -
ein fragwürdiges Ziel erreicht;
wobei die Feder, die uns treibt,
zumeist noch im Verborg'nen bleibt,
dann wünsch' ich mir, bei meiner Ehr,
daß ich eine Gerade wär.

Ich lebte voller Harmonie
im Reiche der Geometrie;
um mich herum wär' alles klar,
beweisbar und berechenbar;
ich selber strebte unbeirrt
nach dem, was mir beschieden wird,
gehorchte ehernen Gesetzen,
ganz ohne je sie zu verletzen,
und führte folgsam und ergeben
mein eindimensionales Leben.

Jedoch ich wär', hätt' ich zu wählen,
höchst ungern unter Parallelen:
ich bliebe - notgedrungen - ganz
zu Nachbarinnen auf Distanz;
und niemals ihren Weg zu kreuzen -
das würde mich recht wenig reizen.

Wenn ich denn schon zu wählen hätte,
lebt' ich schon lieber als Kathete:
sehr reizvoll wäre das diffuse
Verhältnis zur Hypotenuse;
doch störte mich dabei immens
des Nachbarn läst'ge Konkurrenz ...

Was ich mir gut vorstellen könnte,
das wär' ein Leben als Tangente:
ich dürfte mich drauf konzentrieren,
die schönsten Kurven zu berühren;
das brächte mir auf alle Fälle
manch reizende Berührungsstelle
und meinem Leben neuen Sinn!
Zu schade, daß ich keine bin ...

VERWANDTSCHAFT

Ein Ahorn fühlte stets sich nur
von allem ausgesperrt;
drum sehnte er sich nach Kultur
und ging in ein Konzert.

Man spielte grade Hornquintette;
so traf er auf Verwandte,
die er dort nicht vermutet hätte -
ja, die er nicht mal kannte!

Ein B-Horn (ein entfernter Vetter)
und eines gar in Es,
die schienen - obgleich ohne Blätter -
ihm was Besonderes.

Die drei beschlossen, hinterher
das Wiederseh'n zu feiern;
und alle mühten sie sich sehr,
dazu was beizusteuern.

Doch ach, die Vettern Es und B,
die plapperten unendlich
von "forte" und "cantabile" -
i h m völlig unverständlich.

Doch auch sein eigener Bericht
von Bäumen, Sträuchern, Blüten,
befriedigte die a n d e r n nicht,
so sehr sie sich auch mühten.

Sie hatten Welten zwischen sich -
das merkte er schon bald;
und damit ging er nachdenklich
zurück in seinen Wald.

AUSGLEICHENDE GERECHTIGKEIT

Das Einhorn lebt nur in der Sage,
sein Ursprung ist willkürlich;
jedoch das Eichhorn, ohne Frage,
lebt ganz und gar natürlich.

Das Einhorn existiert in Träumen
und lebt nur ideell;
das Eichhorn lebt zumeist auf Bäumen
und absolut reell.

Das Einhorn ist ein Tier, das nährt sich
aus Phantasie-Einflüssen;
das Eichhorn, das nährt umgekehrt sich
von Eicheln und von Nüssen.

Das Einhorn trägt als Markenzeichen
auf seinem Haupt ein Horn;
das Eichhorn, das hat nichts dergleichen -
nicht hinten und nicht vorn!

Hier wechselt jäh die Eigenschaft
des sonderbaren Paares:
das Eichhorn, das wird rätselhaft,
das Einhorn kriegt was Wahres ...

QUOD LICET IOVI ...

Ein Zaunkönig sah einen Aar
mit kühnem Blick und schönem langen
Gefieder äußerst wunderbar
auf einer goldnen Münze prangen.

Aufs Renommee, auf einem Taler
zu glänzen, war er gleichfalls scharf;
doch als er von dem Vogelmaler
erfuhr, dafür sei kein Bedarf,

erwähnte er so nebenbei
(darin war er gewitzt und schnell),
daß er ja schließlich König sei -
und sei es auch nur nominell.

Der Maler sah das Honorar
und hat ihn schließlich portraitiert;
doch für die Münze, das war klar,
hat sich dann keiner interessiert.

Ein Gernegroß bleibt stets ein Geck,
und glänze er auch noch so gülden;
und außerdem hat's keinen Zweck,
sich was auf Titel einzubilden.

DER VOGEL UND DIE GRILLE

Ein Vogel saß im dichten Laub
und sah aus dem Verstecke
am Wegesrand im Straßenstaub
die grüne Stabheuschrecke.

Die fiedelte im Flageolett
mit so verzückter Miene,
als spielte sie im Streichquartett
die erste Violine.

Der Vogel dachte: sing nur, du
verrückte kleine Grille;
er flog hinab und schnappte zu -
da war es plötzlich stille.

Er übersah, als er voll Lust
die Heuschrecke verschluckte,
den großen Kater, der sich just
im hohen Grase duckte.

Er rief noch einmal "Tirilü",
dann hielt er seinen Schnabel;
der Kater fing ihn ohne Müh' -
hier endet unsre Fabel.

Und die Moral von der Geschicht'?
Willst du dich amüsieren,
so solltest du dabei doch nicht
den Überblick verlieren!

DIE KUNST DER FUGA

Ein alter Wolf aus den Abruzzen
entdeckte eine Herde Ziegen
und trachtete, zu seinem Nutzen
ein Exemplar davon zu kriegen.

Um sich ein schönes Stück zu reißen,
erkor er sich ein zartes Lamm;
doch da geschah es, daß den Geißen
der Hirtenhund zur Hilfe kam.

Der alte Wolf, seit vielen Tagen
vom Hunger kräftig heimgesucht,
der suchte, statt den Kampf zu wagen,
sein Heil doch lieber in der Flucht.

Wenngleich spontan, war die Entscheidung
als sehr vernünftig zu bezeichnen,
denn Flucht scheint sich doch zur Vermeidung
von Unglück mehr als Kampf zu eignen.

Um wieviel mehr gilt dies für jeden,
der lieber gerne Kriege führt,
weil sich ja doch bei Völkerfehden
das Ungemach multipliziert.

Drum sollte man nicht die verachten
(das wirst du hoffentlich versteh'n),
die größeren Entscheidungsschlachten
doch lieber aus dem Wege geh'n.

MUSIKALISCHES

VOKALE GENÜSSE

Ein Kater hat mich neulich nacht
in schmerzlichem Diskant
um den verdienten Schlaf gebracht,
und fast um den Verstand.

Gott schuf die liebe Nachtigall
und läßt die Vögel pfeifen;
wie konnte er in diesem Fall
so weit daneben greifen?

Dies nächtliche Konzert vorm Haus,
es lehrte mich bewundern
das Liebeslied des Kabeljaus
und den Gesang der Flundern ...

ERINNERUNG

Ein Ton entrang sich voller Lust
eines Choristen dunkler Brust
und schwang sich mitten im Chorale
hinauf ins Schiff der Kathedrale;

durchmaß fortissimo dieselbe
bis in das oberste Gewölbe,
um sich allda mit Terz und Quinten
zu einem Dreiklang zu verbinden.

Aufgrund begrenzter Nachhallzeit
kam der jedoch nicht allzu weit
und ist darauf auch ziemlich bald
zu einem puren Nichts verhallt.

Jedoch er traf - Gottlob - zuvor
auf eines Menschen off'nes Ohr
und drang von dort ihm ins Gemüt.
Woran man denn zum Schluß doch sieht,

daß alles, was von Menschen stammt,
zum Untergange wär verdammt
bzw. zu nichts führte,
sofern es nicht er-innert würde.

DER RECHTE TON

Ein Musiker kennt für fast alle
Gelegenheiten Intervalle,
um in bestimmten Augenblicken
Gefühle damit auszudrücken.

Fühlt er z. B. sich alleine,
artikuliert er dies durch eine
zwar monotone, doch sublime
und melancholisch-herbe Prime.

Eilt er zu einer Schäferstunde,
pfeift er in fröhlicher Sekunde
und offenbart vielleicht sein Herz
mit einer schönen großen Terz.

Doch er verwendet die in Dur
für freudige Gefühle nur;
ist ihm hingegen wehmutsvoll,
nimmt er die kleine Terz, in Moll.

Er äußert liebevolle, zarte
Empfindungen durch eine Quarte,
und einen möglichen Verdruß
mit einem schrägen Tritonus.

Damit sich Herz zum Herzen finde,
fügt er zur Terz auch noch die Quinte;
und wenn dabei die Liebe wächst,
wird aus der Quinte schnell die Sext.

Und wächst sie gar ins Ungestüme,
erweitert sie sich zur Septime -
und bald vereinigt sich der Brave
mit ihr in eh'licher Oktave.

Es stehen ihm jedoch zur Not
noch andre Töne zu Gebot,
denn jeder Ton hat viele schöne
und schwingungsreiche Obertöne,

sodaß ein rechter Musikus
noch längst nicht resignieren muß,
wenn er je irgendein Gefühl
durch Töne formulieren will.

Liest er z.B. dieses Blatt
und hat dergleichen Unsinn satt
und will dafür Verachtung zeigen,
so kann er dies sogar durch - Schweigen ...

MEIN KLAVIER

Eine edle Zier
ist mein Klavier,
auch klingt es gar nicht übel;
hingegen ist es manchmal mir
ein wenig zu sensibel.

Greif ich mal wo
(beim Üben so)
versehentlich daneben,
schreit es gleich Zetermordio,
als ging es um sein Leben.

Wenn einer laut
danebenhaut
durch mangelhafte Kenntnis,
erzeugt er eine Gänsehaut -
d a f ü r hab ich Verständnis;

doch wenn man schon
beim kleinsten Ton
gleich schreiet wie besessen,
dann scheint mir d i e s e Reaktion
doch s e h r unangemessen.

Doch einerlei,
wie dem auch sei -
sonst weiß ich es zu schätzen,
ansonsten hab ich an ihm keineswegs was auszusetzen!

LOB DER TELEGRAFIE

Ein Reisender im Bahnabteil
liest meistens in der Zeitung,
doch mich erheitert alleweil
die Telegrafenleitung.

Doch ist mein Interesse nicht
im mindesten postalisch;
was mich an diesem Bild besticht,
das ist rein musikalisch:

die Drähte bilden ein System,
drin hocken allenthalben
auf jeder Linie ganz bequem
wie Noten viele Schwalben;

und während sie vorüberziehn
vor meinen Fensterscheiben,
da pflegen tausend Melodien
die Zeit mir zu vertreiben.

Das Rattern auf dem Schienenstrang
schlägt mir den Takt dazu;
dabei wird mir die Zeit nicht lang,
nein - sie verfliegt im Nu!

Drum: solltest du im Leben jemals mit der Bahn verreisen,
kann ich dir nicht genug die Te-
legrafendrähte preisen!

UNVERBESSERLICHER PROGRAMMATIKER

Ich kenne einen Freund, der hält
es für das größte Glück,
wenn er erlebt die weite Welt
durch Hören von Musik.

Manchmal (des Nachts z. B.) hört
er laut und mit Genuß
das d-moll-Violinkonzert
von Jean Sibelius;

er schließt beglückt die Augen - welch
Entzücken bringt das Lauschen -
er sieht das Rentier und den Elch,
hört Finnlands Wälder rauschen.

Wenn von Antonio Soler
ertönet die Entrada,
dann sieht er sich im Geist in der
Alhambra von Granada.

Und lauscht er mit sensiblem Ohr
Tschaikowskis "Pathétique",
fühlt er sich gleich in Rußland (vor
der Sowjetrepublik).

So gibt es Reisen ohne Zahl -
die Welt gehört ihm ganz;
doch neulich hört' er "Karneval
der Tiere" von Saint-Saëns.

Da trübte sich sein froher Sinn -
zwar gab's der Tiere viel,
doch ach, wo sollte er nur hin -
es gab ja gar kein Ziel!

Doch hat ihn auch der Komponist
ums Reiseziel betrogen -
so sah er sich dafür mit List
als großen Zoologen

und konnte nun mit Eleganz
und tierischem Ergötzen
ins Innere des Elefants
(und Esels) sich versetzen!

GEHEIMNISVOLLES VOGELLIED

In einem stillen Waldgebiet
an einem See im Norden
bin ich von einem Vogellied
dereinst verzaubert worden.
Ich hatte seine Melodie
zuvor noch nie gehört;
doch schon beim ersten Klang hat sie
die Sinne mir betört.

Ich war sogleich von ihr entzückt
und magisch angezogen,
und hätt' den Sänger gern erblickt -
doch der war stets verflogen,
wenn ich im dichten Uferwald
in seine Nähe kam;
ich hab es oft versucht, sobald
ich dieses Lied vernahm.

Der Vogel blieb bei dem Gesang
im dichten Laub versteckt;
und darum hab ich ihn bislang
kein einz'ges Mal entdeckt.
Und mit der Zeit, je schwieriger
es schien, ihn aufzufinden,
war ich um so begieriger,
das Rätsel zu ergründen.

Ich hab von diesem Vogel oft
in jenem Land geträumt
und hab ihn zu erspäh'n gehofft -
doch stets hab ich's versäumt.
Erst jetzt, nach Jahren, seh ich dies
nicht länger als Versäumnis:
was wäre auch ein Paradies
ganz ohne ein Geheimnis?

HOMMAGE À CHRISTIAN MORGENSTERN

1. DAS MONDSCHAF

Vor etwa einem Dutzend Wochen,
da hat im Traum zu mir gesprochen
das Mondschaf:

Des Dichters Kunst hätt' ihm das Leben
in jeder Hinsicht erst gegeben,
dem Mondschaf.

In der Unsterblichkeit beweist
es seines Schöpfers großen Geist,
das Mondschaf.

2. LUNOVIS

Tres menses in praeterito
locutus est in somnio
lunovis:

ingredi se omni ex parte
intra vitam poetae arte.
Lunovis.

Permanet in Elysio
generatoris genio
lunovis.

MORGENSTERNIADE

Die Venus geht gerade unter,
da werden rings die Geister munter.
Um Mitternacht - der Mond steht bleich -
da kommt die Geiß aus ihrem Teich.
Um viertel eins (sein Licht wird gelber),
da ruft sie ihre Ziegenkälber.
Halb eins - der Mond steht hinter Wolken -
wird sie vom großen Geist gemolken.
Dreiviertel eins - der Mond steht rot -
da liegt die Geiß am Teiche tot.
Doch als die Glocke 13 schlägt,
hat sich der ganze Spuk gelegt.
Und über allem, groß und fern,
steht mild und stumm der Morgenstern.

Venere noctu abeanta
spiracula tum vigilanta.
Lun' alba luce prodispersa
apparuit capra submersa.
Cum lux lunaris obscurabat,
capra capriculas vocabat;
et lunae lux cum percelabat,
capra spiritui lactabat.
Lux lunaris cum rubuit,
capra mortua tum fuit.
Prima hora cum perita
cessit spirituum vita.
Sed supremum omnium
poetae magn' ingenium.

PALMSTRÖM

Ich wäre einmal Palmström gern,
dann führ' ich mit v. Korf
sogleich in das von Morgenstern
zitierte böhmische Dorf.

Ich führ' dorthin nicht etwa um
des Nichtverstehens Willen
wie jene einst - m i r ging's darum,
Erkenntnisdurst zu stillen!

Was in dem Dorf verborgen steckt,
würd' ich mit einem wachen
und gut geschärften Intellekt
der Welt verständlich machen.

Was hilft's, daß man in Afrika
mit Eifer missioniere!
H i e r liegt terra incognita -
direkt vor unsrer Türe!

Mir ging's darum - wie damals schon
in Afrika den Weißen -
der Dumpfheit letzte Bastion
dem Dunkel zu entreißen!

Und dabei wüßt' ich, daß ich nicht
erlahmte im Bemühen,
mit der Erkenntnis hellem Licht
das Dunkel zu durchglühen!

Doch falls ein Neunmalkluger findet,
es habe keinen Sinn,
so liegt das nur darin begründet,
daß ich nicht Palmström bin.

DIE GUTE ALTE ZEIT

Palmström frönt der Nostalgie
und erfindet ein Gerät,
das die Zeit stoppt, oder sie
ganz nach Laune rückwärts dreht,

und ist somit in der Lage,
in Geschichte frei zu walten,
um sich in ihr, ohne Frage,
nach Belieben aufzuhalten.

Und er macht - wen wundert's weiter? -
reichlichen Gebrauch davon:
tummelt sich als Lanzenreiter
in der Schlacht von Marathon;

quert mit Hannibal die Alpen,
geht mit Cook auf große Fahrt,
doch vergleicht auch allenthalben
alles mit der Gegenwart

und erkennt, wenn auch recht spät:
die Vergangenheit war schlimmer;
also schlägt er das Gerät,
welches er erfand, in Trümmer.

Doch erdenkt dabei noch weiter:
auch den Plan läßt er verbrennen,
den wir demzufolge (leider -
oder Gott sei Dank?) nicht kennen.

GENIALE ERFINDUNG

V. Korfs Verstand gilt ja manchmal
als außerordentlich genial;
doch Palmströms ist dies, denk ich, sicher
noch weitaus außerordentlicher,

weil er etwas erfand (man staune!),
als er in einer Schöpferlaune
in seines Geistes Tiefen schürfte,
was wohl Epoche machen dürfte:

erfand - daß man dies recht erfasse! -
eine ganz neue Art von Tasse,
bei der der Henkel so gedacht ist,
daß er - linksseitig angebracht ist!

Warum, wer bisher Tassen machte,
wohl nie an Linkshänder je dachte?
Was mußten diese armen Seelen
sich nur beim Kaffeetrinken quälen,

bei dem Versuch, normale Tassen
von hinten herum anzufassen!
Kann es denn sein, daß keiner wußte,
daß dies zu Krankheit führen mußte,

die sich ja schnell durch Schmerz ankündigt
bei dem, der orthopädisch sündigt?
Auf diese Weise wurden Tassen
schon zum Problem für Krankenkassen -

steht doch die stete Schmerzbekämpfung
im Widerspruch zur Kostendämpfung!
Doch nun wird das Gesundheitswesen
dank dieser Tasse bald genesen.

Genau besehn kann die Erfindung
als genialische Verbindung
von ökonomischem und - selten! -
humanitärem Denken gelten.

VERSUCH EINER RICHTIGSTELLUNG

Von Goethe ist ja völlig klar,
daß er genial veranlagt war.
Er war, wie du wohl wissen wirst,
nicht nur der große Dichterfürst,

er machte auch als Forscher Ehre,
z. B. in der Farbenlehre;
auch zehren sicher noch Epochen
von seinem Zwischenkieferknochen.

Jedoch vergißt man dabei gern,
daß wir auch Christian Morgenstern
viel danken, was uns seinen Geist
als den eines Genies ausweist.

Z. B. gab er immerhin
dem Elef-Anten neuen Sinn,
erklärte uns das Dichterische
am nächtlichen Gesang der Fische;

hat uns darüber aufgeklärt,
wie uns das Perlhuhn ward beschert,
und er entdeckte außerdem
das Mondschaf und das Nasobem.

Im Grunde wurde er bis jetzt
zoologisch völlig unterschätzt;
drum habe ich mich hier bemüht,
daß dies hinfort nicht mehr geschieht.

ANMASSUNG

Der Dichter war bei Römern stets
geachtet und galt viel;
wir wissen's von Ovid, Lukrez,
Horaz und auch Vergil.

Doch Goethes Popularität
(und Lessings) - so betrachtet -
beweist: bei uns ist der Poet
weit weniger geachtet.

Darum kann ich auch nicht erkennen,
was uns denn - hol's der Henker -
berechtigt, uns das Volk zu nennen
der Dichter und der Denker!

FAUST III, ein Entwurf

Am Blocksberg, zur Walpurgisnacht,
da hatte eine Hex'
sich einen kleinen Jux gemacht,
frühmorgens, gegen sechs.

Sie war - so tun das Hexen immer -
durch einen Schlot gesaust
und landete im Arbeitszimmer
des alten Doktor Faust.

Der hatte nun die Nacht indes
mit Grübeln zugebracht;
das hatte Mephistopheles
ihr wohl schon hinterbracht.

So hatte sie ihn sehr erschreckt -
zumal durch ein gewisses
Gebaren, etwa vom Effekt,
wie Circe auf Ulysses.

Ihm wurde kalt, ihm wurde heiß,
er kam in arge Nöte;
man kennt dergleichen (oder weiß
es spätestens seit Goethe).

Der Handlung weiterer Verlauf
hat freilich was Vertracktes;
das Ganze löst sich auch erst auf
am Schluß des fünften Aktes.

Bis dahin also fasse man
sich bitte in Geduld;
und wer es nicht erwarten kann,
hat eben selber Schuld.

Ein Trauerspiel, in dem es graust,
erfordert halt Charakter;
drum ist der dritte Teil des Faust
auch schließlich kein Einakter.

ANFRAGE

Als Faustophile darf ich hoffen:
Ihr Drama wird genauso stark
wie der Entwurf; doch - ich bin offen -
die Handlung scheint mir etwas karg!

In ihr vermisse ich entschieden
den Schwung des ersten Teils; derweil
mir scheint, als würde sie ermüden
wie der Tragödie zweiter Teil.

Und daher möchte ich Sie fragen,
ob man sie nicht durch Elemente
der leichten Muse sozusagen
anregender gestalten könnte?

ANTWORT

Verehrter, lieber Freund, zu Ihren
so lieben, teilnahmsvollen Zeilen -
scheint mir - darf ich mir gratulieren;
jedoch ich möchte mich beeilen,

hier einmal deutlich zu betonen,
daß Sie die Handlung ja nicht kennen;
die Dinge, die ihr innewohnen,
die wollte ich hier noch nicht nennen.

Doch soviel sei hier schon gesagt:
die Handlung ist in diesem Stück
nicht fad - sie ist sogar gewagt!
Faust wird durch widriges Geschick

und durch Verstrickung so geprüft,
daß Sie - nur einmal angenommen,
ich irre nicht, was das betrifft -
wohl voll auf Ihre Kosten kommen.

Indiz für das, was Sie erwartet,
mag Ihnen schon die Hexe geben,
denn Hexen sind ja so geartet,
daß sie nicht grade züchtig leben ...

Ich hoffe, daß es mir gelang,
Sie zu beruhigen. Mit diesen
Erwartungen, sowie mit Dank
für Ihr Interesse, will ich schließen.

GEISTVOLLES UND GEISTLOSES

Der Lektor eines Buchverlages,
der las nun schon so manches Jahr
sehr viel Banales und auch Vages;
und er bemerkte eines Tages,
daß dieses eine Plage war.

Mit seiner Tätigkeit verband er
die Absicht, Geistiges zu sichern;
weil sie oft lästig war, erfand er
jüngst einen "Energieumwandler"
für geistigen Gehalt von Büchern.

Der tastet einfach elektronisch
den Inhalt ab; dann wird zuletzt,
was geistvoll daran ist, harmonisch,
und - was belanglos - kakophonisch
hörbar in Töne umgesetzt.

Seitdem entfällt des Lesens Qual:
wie wunderbar und musikalisch
klingt beispielsweise Blaise Pascal;
jedoch dagegen ein Journal -
wie quiekt es gräßlich-infernalisch!

Doch jüngst hat mich der Apparat
durch grausliches Geräusch erschreckt:
er prüfte dies Elaborat -
ich nehme an, da war wohl grad
was an der Steuerung defekt ...

WORTE ...

"Nur Worte" hab' ich oft verächtlich
als Redensart gehört;
doch ich gesteh', daß sie beträchtlich
mein Wortverständnis stört.

Ein Wort hat große Macht, es kann
uns trösten und verletzen;
drum täten wir wohl gut daran,
es höher einzuschätzen.

Vor allem aber (das ist in
der Bibel nachzulesen)
ist es ja schon von Anbeginn
der Schöpfung dagewesen.

Und schließlich ist es - so scheint mir -
wohl eine alte Sache:
Was unterscheidet uns vom Tier?
Doch nicht zuletzt die Sprache!

Was wäre denn schon eine Welt,
die uns das Wort nicht böte?
Wer das für übertrieben hält,
der lese einmal Goethe!

VOM SCHREIBEN

Zum Schreiben braucht man viele Gaben;
doch ist, dafür Ideen zu haben,
von allen wohl die schwerste -
das merkt ein Literat im Nu;
drum schreibt er auch nur ab und zu,
doch meistens nur das erste ...

FEINER UNTERSCHIED

Wer seit der Schulzeit - Jahr für Jahr -
beim Lesen immer fleißig war,
der mache sich vom Irrtum frei,
daß er dann auch belesen sei;
jedoch - darauf sei hingewiesen -
es ist auch nicht ganz auszuschließen.

BÜCHER SIND AUCH NUR MENSCHEN

Wer je schon mal ein Buch verlieh,
der weiß: es ist sensibel -
gleichviel, ob Enzyklopädie,
Gedichtband oder Bibel.

Was es auf keinen Fall verzeiht:
wenn man das gute Stück
nur wahllos - gleich an wen - verleiht,
kommt es nicht mehr zurück.

NOMEN EST OMEN, ein Rätsel

So wie den leuchtenden Planeten
des Morgens - und des Abends -,
als einen,
dessen Glanz
die vielen, vielen andern hundert
in seiner milden Klarheit überstrahlt,

so hab ich immer den Poeten
des gleichen schönen Namens
und seinen
großen, ganz
besonderen Genius bewundert
ob seiner edlen Poesie Gehalt.

Durch den ererbten Namen schien er wie
vom Schicksal vorbestimmt für Poesie;
jedoch der ihm gegeb'ne Name weist
drauf hin, welch Sonne d e r Planet umkreist!

PALMSTRÖM UND V. KORF
WETTEIFERN IN SCHÜTTELREIMEN *)

Palmström und v. Korf, mit Fragen
der Poetik ganz "per du",
streben einem sozusagen
marginalen Genre zu.

Neulich stießen unsre zwei
ganz per Zufall, nur so beim
Stöbern in der Bücherei
nämlich auf den Schüttelreim.

Weil die komische Materie
ihre Phantasie entfachte,
kam's, daß jeder eine Serie
eigner zu Papiere brachte.

Und nun wollen sie ermitteln -
ganz von Vorurteilen frei -
wer denn nun im Reimeschütteln
der Kunstfertigere sei.

*) Dem Autor und Palmström-Forscher gelang es
nach jahrelanger, mühevoller Forschung,
dieses nachgelassene und bisher unveröffentlichte
Opus aufzustöbern und einer breiteren
Leserschaft zugänglich zu machen.

PALMSTRÖMS BEITRAG: RITTERBALLADE

Palmström ward als erster fündig
und eröffnete den Reigen;
sein Humor ist hintergründig,
wie uns seine Verse zeigen:

> Die Ritter sollen sittenrein
> durchs Morgenland geritten sein,
> drum mußten sie im Land der Heiden
> schon deshalb allerhand erleiden.

V. KORFS KRITIK

Korf, beim Lesen dieser Zeilen,
kann ein Lächeln nicht verhehlen;
doch er möchte sich beeilen,
ein paar Punkte aufzuzählen:
Daß die Verse witzig wären,
gäb' er zu - auch gar nicht schlecht -
doch sie würden hier dem hehren
Thema keineswegs gerecht.
Und ihn störe das gewisse
zweideutig-pikant-Laszive;
was er hauptsächlich vermisse,
sei moralisch-Kant'sche Tiefe!

V. KORFS BEITRAG: LEBENSMAXIME

Doch er wolle hier ja nicht
einseitig ein Urteil fällen,
drum begann er, ein Gedicht
eigner Machart vorzustellen:

> Wenn der Entbehrung Leid dich zehrt,
> ist's wichtig, daß die Zeit dich lehrt:
> es gilt, sozialen Neid zu zähmen
> und sich fürs Menschsein Zeit zu nehmen!

VERSUCH EINER ENTSCHEIDUNG,
BZW. ABWÄLZUNG DERSELBEN
AUF DEN LESER

Palmström hört es, schweigt und - leidet,
und er unterdrückt ein Gähnen;
was dies für v. Korf bedeutet,
braucht man nicht erst zu erwähnen ...
Doch das hilft uns ja nicht weiter
in dem Wettbewerb der beiden;
wer gesiegt hat, daß kann leider
nur der Leser noch entscheiden!
Daß sein Urteil nun nicht scheit're,
wer von beiden hier gesiegt,
seien hier noch je drei weit're
Schüttelreime angefügt:

PALMSTRÖMS ANTHOLOGIE

1.
So wenig wie die Vögel Schlangen
mit einem Trommelschlegel fangen,
so wenig wird die Kröte Fliegen
durch Blasen auf der Flöte kriegen.

2.
Siehst du auf deinem Rasen Nymphen,
ist das kein Grund zum Nasenrümpfen,
denn jeder, wenn er klug, beneidet
dich, weil sie nicht genug bekleidet.

3.
Führ' mich doch mal in warme Zonen,
dahin, wo nicht ganz arme wohnen!
doch kennst du nur polar'sche Ecken,
dann kannst du mich am ...

V. KORFS BLÜTENLESE

1.
Stets nur die eigne Ehre lieben
heißt doch, die falsche Lehre üben.
Drum sei gescheit und übe lehren:
klug sind die, die die Liebe ehren!

2.
Viel besser ist es allenfalls,
den andern zu gefallen, als
sich ständig nur im Kreis zu drehen
und ohne Anlaß dreist zu krähen.

3.
Du weißt ja, wenn du ehrlich bist,
daß Klugheit unentbehrlich ist.
Drum kannst du auf gescheite Frauen
stets nur mit größter Freude schauen.

EPILOG

Das war eine nur sehr kleine
Auswahl aus der Riesenzahl,
aber eine - wie ich meine -
repräsentative Wahl.

Daß sie der Entscheidung als
Hilfe diene, will ich hoffen;
mit ihr hab i c h jedenfalls
meine Wahl schon längst getroffen:

Palmström, ardente admiror
te, poetam laureatum;
illo lauro, care, spero,
ut te faciat beatum!

SPRACHLICHES

PLATTITÜDEN

Beim Ebbe-Wandern durch das Watt
trat ich auf eine Flunder.
Die quakte grantig: "Wat sall dat?"
(die Flunder nämlich spricht nur platt,
und das ist auch kein Wunder).

"Pardon", sprach ich und zog den Hut,
"es war nur ein Versehen!"
Da kam sie nun erst recht in Wut
und schnaubte: "Döskopp ..., hold din Snut ..."
(Mehr war nicht zu verstehen).

O Mensch, verspürst du Lust darauf,
im Wattland zu spazieren,
so zügle deiner Füße Lauf
und, falls du aneckst, achte drauf,
nur Plattdeutsch zu parlieren!

PULVER ...

Es ist noch gar nicht lange her
(so höchstens ein, zwei Stunden),
da sprach ich mit dem Manne, der
das Pulver nicht erfunden.

Gescheites ist ihm in der Tat
durchaus nicht zu entlocken;
das bißchen Pulver, das er hat,
hält er noch nicht mal trocken ...

Und als ich mit ihm fertig war,
da merkte ich verdrossen:
bei solchem Kerl hat man sogar
sein eignes bald verschossen!

SEMANTIK

Es ist wohl schwerlich abzustreiten:
bei vielen unsrer Tätigkeiten
zählt doch - das ist ein alter Hut -
allein die Frage, w e r es tut,
es ist kaum schwer, dies einzusehen.
Sehr einfach ist es zu verstehen,
wenn ich's an einem Beispiel zeige,
und zwar am Streichen einer Geige:
Zunächst mal scheint es ganz gewöhnlich,
streicht sie der Geiger höchstpersönlich;
hingegen wird's ihr schlecht bekommen,
wird dies vom Maler vorgenommen;
doch grauslich wird's, hiermit verglichen,
wird sie schlicht vom - Programm gestrichen ...

L I N G -UISTIK

Wer Wörtern einen Sinn beimißt,
weiß sofort, was ein Lieb-ling ist.
Auch Grün-, Weiß- oder Silber-linge,
das sind Begriffe oder Dinge,
die leuchten uns von selber ein -
man braucht kein Germanist zu sein.

Doch welch ein rätselhaftes Ding
hingegen ist der Schmetter-ling!
Man sollte meinen, sowas ist
Trompeter oder Posaunist.
Auch wär es vorstellbar, daß er
etwa ein Tennisspieler wär ...

Man kann, um den Begriff zu fassen,
sich nicht aufs Sprachgefühl verlassen -
das hinterläßt ein Unbehagen.
Drum wage ich heut, vorzuschlagen,
dies Tierchen, das wir so gut kennen,
doch lieber "Flatter-ling" zu nennen!

DIE TÜCKEN DER DEUTSCHEN SPRACHE

Sehr gern verbreite ich die Lüge,
daß ich mich stets nur gut betrüge
und niemals in Erwägung zöge,
daß ich je jemanden betröge;

doch falls ich sowas je erwäge,
dann gleich um größere Beträge -
und wenn ich mich korrekt betrage,
dann nur bei kleinerem Betrage.

Denn wenn ich nun schon mal betrüge,
dann wollt' ich der Betrag betrüge
soviel, wie er noch nie betrug -
nur dann lohnt schließlich ein Betrug.

Und wenn ich mich stets so betrüge,
als ob ich eine Robe trüge,
dann würden die, die Robe tragen,
sich sicher ebenso betragen.

Doch die, die sich stets gut betrügen,
die würde ich nie so betrügen
wie die, die sich nur gut betrügen,
wenn sie grad eine Robe trügen.

DER SCHWER WIEGENDE RAT

Ein guter Freund bat mich beklommen,
ich möge schleunigst zu ihm kommen;
er habe drückende Probleme,
drum sei es wichtig, daß ich käme,

um ihm zu helfen - in der Tat:
er brauche meinen klugen Rat,
auf welchen er (der Freundschaft wegen)
stets pflege größten Wert zu legen.

Nun wiegt ein Rat - grad wenn er klug -
ja ohnehin schon schwer genug;
um wieviel schwerer muß er wiegen,
kommt auf ihn noch ein Wert zu liegen!

Darum bedeutet dieser fast
(so mein' ich) eine Überlast,
die der Beratene zum Schluß
ja selber auch noch tragen muß,

falls er den klugen Rat e r t r ä g t ,
auf den er solchen Wert gelegt.
Liegt er denn dann nicht ganz verkehrt,
der auf den Rat gelegte Wert?

SPRACHFEINHEITEN

Wenn "Himmel, Arsch und Wolkenbruch"
die Leute manchmal rufen,
dann zög're ich nicht, diesen Fluch
als stillos einzustufen!

Ein derart unsensibles Wort
verletzt das Sprachgefühl,
darum erkennt man auch sofort
daran den schlechten Stil.

Zu solchem groben Sprachmißbrauch
hätt' i c h niemals die Stirn -
aus diesem Grunde ruf ich auch
nur "Himmel, Arsch und Z w i r n "!

Und wär ich Palmström (oder Korf),
dann würde ich jetzt sprechen:
die Wolken - plastisch und amorph -
wie können die denn b r e c h e n ?

DER VOM ZAUN GEBROCHENE STREIT

Vor gar nicht allzulanger Zeit,
da hatte ich mal einen Streit,

und zwar aus purer Zufallslaune:
der Streit hing grade so am Zaune,

und ich stand grade so daneben -
wie es sich manchmal trifft im Leben!

Und weil es sich grad so ergab,
brach ich den Streit vom Zaune ab.

Der nunmehr ziemlich nackte Zaun
war nicht sehr lieblich anzuschaun'n;

auch blieb vergeblich seine Schändung,
denn dieser Streit fand nie Verwendung!

Ich hab mich seiner bald entledigt,
jedoch der Zaun - er blieb geschädigt.

Der Vorfall machte mich betroffen
und ließ auch noch zwei Fragen offen:

Was taugt (die Frage sei erlaubt)
ein Zaun, den man des Streits beraubt?

Auch liegt der Umkehrschluß nicht weit:
ein Zaun - taugt er denn nur m i t Streit?

WESEN UND UNWESEN

Ein Mensch, gelehnt an eine Kiefer,
erblickt am Stamm ein Ungeziefer.
"Es ist doch ganz erstaunlich", rief er
und beugte sich ein wenig tiefer,
"es ist ein gar possierlich Ding
und krabbelt unwahrscheinlich flink!"
Kaum, daß er dies bei sich gedacht,
hat's in ihm einen Ruck gemacht,

und der Gedanke war ihm peinlich:
"Warum war es denn unwahrscheinlich?"
Er sah auf einmal völlig klar:
Der S c h e i n , er war doch schließlich w a h r !
Ein Ding - und sei es noch so klein -
wie kann es denn ein Unding sein?
"Ein Unkraut", sprach er zu sich laut,
"wenn man es fühlt, ist doch ein Kraut!"

Er hielt den Kopf ein wenig schiefer
und rieb sich seinen Unterkiefer ...
das "un" bedeutet doch Verneinung ...
und schließlich kam er zu der Meinung,
es sei doch Unsinn, manche Sachen
durch "un" zu einem Nichts zu machen!
Er ging zurück zu seiner Kiefer
und sprach also zu dem G e z i e f e r ,

das hurtig an dem Stamme lief:
"Ich sehe dich jetzt positiv
und werde dich vom "un" befrein -
ich will doch auch kein Unmensch sein!"
Das Tier, das so am Stamm gekrabbelt,
verstand nicht, was der Mensch gebrabbelt.
Der stand versonnen und gebückt
und ging dann heimwärts, tief beglückt.

ÜBERZEUGUNG

Er war so etwa um die dreißig
(womöglich mehr, vielleicht auch minder)
und war in jeder Hinsicht fleißig:
er hatte nämlich 14 Kinder.

Er gab auf jeglichem Gebiet
sich stets nur übertrieb'ne Mühe;
dermaßen ausgepumpt, verschied
er schließlich leider viel zu frühe.

Wer so zur Übertreibung neigt,
der schadet sich am Ende sehr,
da bin ich völlig überzeugt!
D a s war vermutlich wohl auch er ...

VERSCHIEDENES

Ein Mensch, nicht sehr facettenreich,
blieb sich in allen Lagen gleich.
Was immer auch passierte -
stets blieb er einfallslos und fad;
man wußte vorher, was er tat
und wie er reagierte.

Die anderen jedoch erfreuten
durch wechselnde Besonderheiten -
nie sah man sie zufrieden.
Sie handelten niemals wie schon
zuvor, und ihre Reaktion
war jedesmal verschieden.

Doch, wie es kommt so öfter eben:
sein so ereignisloses Leben,
es endete hienieden;
und plötzlich war er nicht mehr schal:
o Wunder - endlich war er mal
so ganz und gar - - v e r s c h i e d e n (!).

UNGEHALTENES

Einst hatten - eines Mädchens wegen -
zwei Männer einen Streit
und fanden sich, ihn beizulegen,
um keinen Preis bereit.

Um sie zur Einsicht zu bekehren,
entwarf ich eine Rede;
jedoch, anstatt mir zuzuhören,
verschärften sie die Fehde

und schrien sich nur noch an, und schalten
auch m i c h aus vollem Hals ...
so blieb die Rede ungehalten -
ich blieb es ebenfalls.

DIE BEUGUNG DES AUTOBUS(SES?),
eine Fall-Studie in 2 Versuchen

1.Versuch

Für einen, der verreisen muß,
empfiehlt sich stets der AUTO BUS.

Die wirklich klugen Leute, sie
bedienen sich AUTONIS BI.

Begegnest du mal irgendwo
auf deinem Weg AUTONI BO,

dann zögre nicht und sei nicht dumm -
besteige flugs AUTONEM BUM;

du wirst befördert werden, wo-
hin du auch willst AUTONE BO.

Vor allem: Ausblick wie sonst nie,
das bieten die AUTONES BI !

Die weite Welt, sie ist ein Forum
gediegenster AUTONUM BORUM.

Willst du verreisen, merk dir dies:
vertraue nur AUTONIBUS BIS -

alsbald wird deine Freude groß,
dann rühmst du laut AUTONES BOS

und kündest seitdem nur noch dies:
die Welt ist schön - AUTONIBUS BIS !

2.Versuch

Doch jedem, der ihn riechen muß,
ist eine Qual der AUTO BUS,

denn stets entquillt Gestank und Ruß
dem Auspuffrohr AUTONI B$\overline{\text{US}}$

So rufst du angewidert "pfui",
begegnest du AUTONI BUI

und leidest ein Martyrium!
Drum: triffst du je AUTONEM BUM,

so fleh' den Himmel an, daß du
verschonet bleibst AUTONE BU !

Und gehst im Regen du zu Fuß,
bespritzen dich AUTONES B$\overline{\text{US}}$;

drum mach stets einen Bogen du um
die Nachbarschaft AUTONUM BUUM !

Zwar preise glücklich sich, wer nie muß
derart entflieh'n AUTONIBUS BIBUS;

doch wenn du fliehen m u ß t , dann tu's
und meide stets AUTONES B$\overline{\text{US}}$ ...

Am besten wär's, man führe n i e Bus -
nichts Gutes kommt AUTONIBUS BIBUS !

DIE HEREINGELEGTE FEE

Vor kurzem, da trat eine Fee an mein Bette
und fragte, ob ich einen Wunsch an sie hätte.
Ich schlug ihr nun vor - der Bequemlichkeit wegen -
zwecks Klärung der Frage sich zu mir zu legen,
doch sie lehnte ab. Da entschied ich mit "Nein" -
so legte ich sie schließlich doch noch herein.

VERGLEICHE

Man soll sich hüten vor Vergleichen,
denn allzu oft sind sie nur Zeichen
dafür, wie man es gerne hätt'...
Vielleicht mag dies als Beispiel reichen:
vier Maler, die die Decke streichen,
sind deshalb noch kein Streichquartett!

MIT DER ZEIT

Wer Ehrgeiz hat, ist auch bestrebt,
modern zu sein, solang er lebt.
Wer's bleiben will, der muß verstehen,
beständig mit der Z e i t zu gehen;
und ist er dazu nicht bereit,
dann g e h t er schließlich mit der Zeit ...

UNWIEDERBRINGLICH

Falls man dich was zu fragen denkt,
schenk niemandem Gehör;
denn hast du es einmal verschenkt,
gehört's dir ja nicht mehr.
Das würdest du dir wohl niemals
im Leben je verzeihen;
drum rat' ich dir, ihm allenfalls
nur mal ein Ohr zu leihen!

KEIN WUNDER

Nach einer just erfolgten Wahl
fragt man sich beinah jedes Mal,
warum man nicht mehr auf uns hört;
ist unsre Stimme nichts mehr wert?
Des Rätsels Lösung ist nicht schwer:
wir haben nämlich keine mehr -
wir haben sie ja grade eben
in der Kabine abgegeben ...

KEINE REGEL OHNE AUSNAHME

Als äußerst vorteilhaft im Leben
gilt Mäßigkeit beim Geldausgeben,
doch dies - das sei hier festgestellt -
gilt keinesfalls für Fersengeld!

"CHRONO" -LOGISCH

Wer könnte wohl noch ruhig schlafen,
tät man die Mörder nicht bestrafen?
Es ist und bleibt von allen Dingen
das schlimmste, einen umzubringen.

Das Leben, welches wir besitzen,
gilt es zuallererst zu schützen;
und außer uns wird's Dinge geben
mit just dem gleichen Recht auf Leben.

Z. B. müßte man hier fragen:
Warum darf man die Zeit totschlagen?
Warum bleibt straffrei, wer das tut?
Ist Zeit kein schützenswertes Gut??

Selbst, wenn man's nur symbolisch sieht -
es zeugt von rohestem Gemüt
und ist, wenn man es recht versteht,
verbale Kriminalität.

Und Dummheit ist es obendrein,
denn jeder kluge Mensch sieht ein:
Nichts, was im Leben wir besessen,
ist kostbarer, weil s o bemessen!

Und jeder, der nach manchen Jahren
in seinem Leben dies erfahren,
der ahnt womöglich, was das heißt,
die "Sünde wider den Heiligen Geist" ...

APHORISMEN

DER KLEINE UNTERSCHIED

Die Klugen - sie bemerken alles,
und das ist eine ihrer Stärken;
von Dummen weiß man bestenfalles,
daß sie zu allem was bemerken.

IRRTUM

Man glaubt oft paradoxerweise,
es mache sich stets d e r beliebt,
der abends in erlauchtem Kreise
nur kluge Dinge von sich gibt.
Die Illusion muß ich zerstören:
solch Tugenden sind nicht gefragt -
weit wichtiger ist, zuzuhören,
wenn jemand etwas Dummes sagt!

ZUSAMMENHÄNGE

Die Griechen wußten es bereits,
und auch wir selbst erleben
es beinah täglich allerseits:
es pflegt - im Falle eines Streits -
der Kluge nachzugeben.
Er hält viel lieber seinen Mund,
anstatt zu renommieren;
vermutlich ist das auch der Grund,
weshalb auf unserm Erdenrund
die Dummen meist regieren ...

KLUGHEIT

Der Klügere hat ja im Leben
(zumal im Sprichwort) nachzugeben,
doch sollte er's nicht übertreiben,
sonst wird er nicht der Kluge bleiben;
denn wer zu oft kapituliert,
riskiert, daß e r der Dumme wird.

DUMMHEITEN

Mit ihnen ist es sonderbar:
man findet sie bei Leuten
fast jeden Bildungsgrads - sogar
bei Klugen und Gescheiten!
Wo mehr? wirst du vielleicht hier fragen -
ganz sicher ist das nie:
die Dummen pflegen sie zu sagen,
Gescheite - machen sie ...

KEIN GRUND ZUR RESIGNATION

Wohl keine Dummheit ist so groß,
als daß du sie - natürlich bloß
mit großem Aufgebot an Zeit
und stetiger Beharrlichkeit
(falls du sie mit Geduld aufwendest) -
nicht doch noch größer machen könntest ...

LACHHAFT

Wir äußern Dummheit oder Witz
in allem, was wir machen;
ein sehr bezeichnendes Indiz
dafür ist unser Lachen.
Was man daran erkennt, erweist
sich in dem Phänomene:
der Kluge zeigt hier seinen Geist,
der Dumme - nur die Zähne.

LÄCHERLICH

Gewöhnlich machen Menschen sich
nicht etwa durch das lächerlich,
was sie so sind - vielmehr just eben
durch das, was sie zu sein vorgeben.

SPORTLICH

Falls du je vorhast, deine Sorgen
im Glase zu ertränken,
so solltest du, eh du am Morgen
enttäuscht bist, nur bedenken,
daß sie - und dafür könnte ich
die manches Beispiel nennen -
sehr gut und außerordentlich
ausdauernd schwimmen können.

JOURNALISMUS

Ein Journalist voll Effizienz
bedarf besonderen Talents.
Dies schlägt sich darin nieder,
daß er dem Löschblatt gleichen soll:
saugt sich mit jedem Unsinn voll
und gibt ihn falsch'rum wieder.

DIE WAHRHEIT

Hast du mal drüber nachgedacht,
warum Journale - neben Dingen,
die man am besten nur belacht -
fast täglich Horoskope bringen?
Anstatt rhetorisch nur zu fragen,
will ich den wahren Grund dir nennen:
es pflegen stets die wahrzusagen,
die nicht die Wahr h e i t sagen können!

PASSENDER VERGLEICH

Journale ähneln, wie ich finde,
den Kraken, diesen Ungeheuern,
denn sie benutzen ihre Tinte
wie sie ausschließlich zum Verschleiern.

VOM REDEN

Die Leute, die zu keiner Zeit
gebeten werden müssen,
um dir in aller Gründlichkeit
zu sagen, was sie wissen,
die glauben fest und unverdrossen,
man könne sie ertragen ...
Wie lob ich mir da Zeitgenossen,
die wissen, was sie sagen!

STÄRKEN UND SCHWÄCHEN

Wer stark ist, der geht still zu Werke
und pflegt sich kurz zu fassen,
denn das Bewußtsein eigner Stärke
macht ruhig und gelassen.
Geschwätzigkeit ist immer Schwäche,
sie liebt sich aufzubauschen;
ein jeder weiß: die seichten Bäche
sind's, die am stärksten rauschen.

SPRUCHWEISHEITEN

Wenn jemand mit der Weisheit droht,
man säße doch im selben Boot -
und sei's der eigne Bruder -
dann scheint mir Vorsicht angebracht:
wer solche Äußerungen macht,
will meistens nur ans Ruder.

PARADOXON

Den Frauen ist bekanntlich eigen,
daß sie in uns den Wunsch erzeugen
nach unerhörten, großen Dingen,
kurz - Meisterwerke zu vollbringen.
Doch gleichwohl - wer die Frauen kennt,
weiß auch: sie haben das Talent
(doch das kann ihren Wert nicht mindern),
uns an der Ausführung zu hindern ...

FRAUENLOGIK

Man soll gewöhnlich bei den Frauen
nicht zu sehr auf die Logik schauen:
zwar fordern sie stets, daß der Mann
sich den Geburtstag merken kann;
gleichwohl erwarten sie indessen
von ihm, das Alter zu vergessen.

ZUR RECHTEN ZEIT

Es ist allseits bekannt, daß Frauen
fast ständig in den Spiegel schauen,
jedoch fast nie bei ihren starken
Versuchen, rückwärts einzuparken.

DIE RECHTE DOSIS

Einmütigkeit ist ein Gebot
für friedliche Entfaltung;
im Übermaß wird sie zum Tod
fast jeder Unterhaltung.

HELDENMUT

Wenn's draußen kalt ist, zieht ein Mann
sich einfach nur was Warmes an.
Die Frau - in ihrem schönsten Kleid -
die friert selbst dann nicht, wenn es schneit.

ERFAHRUNG

Wer Frauen undurchschaubar nennt,
zeigt, daß er sie nicht richtig kennt.
doch wer behauptet, sie zu kennen,
ist kaum ein Gentleman zu nennen ...

ADLIGE GESINNUNG

Im Sprichwort heißt es, Arbeit würde adeln;
doch ist es (und wer will mich dafür tadeln?)
allein meiner Bescheidenheit nur zuzuschreiben,
wenn ich es auf mich nehme, bürgerlich zu bleiben!

AUSTAUSCHBAR

An dem, was du zu tragen hast,
ist dies das Sonderbare:
du trägst nach manchem Jahr der Last
sehr bald die Last der Jahre.

JUGEND UND ALTER

Sich wie die Alten aufzuspielen,
fällt immer nur den Jüng'ren ein;
hingegen: um sich jung zu fühlen,
muß man schon etwas älter sein.

FALLEN

Wer sich beklagt, er sei im Leben
von lauter Fallen nur umgeben,
tut dies nur, weil er nicht durchschaut hat,
daß er die meisten selbst gebaut hat.

PRAKTISCHE EINSTELLUNG

Der Teufel hat die Welt verlassen;
der Grund dafür ist leicht zu fassen:
wir machen uns ja, wie er weiß,
einander selbst die Hölle heiß!

VOM WIRKLICHEN LEBEN

Es gibt immer etliche Leute, die meinen,
man habe gefälligst mit seinen zwei Beinen
in jeder Sekunde, die Gott läßt geschehen,
im richtigen, wirklichen Leben zu stehen.
Dies wirkliche Leben erfordert viel Zeit:
man hat allenthalben zu schaffen, zu streben;
und manch einer treibt es dann damit so weit,
daß ihm keine Zeit mehr bleibt, wirklich zu leben!

PÜNKTLICHKEIT

Ganz ausgesprochen unterschiedlich
schätzt man den Wert der Pünktlichkeit:
der eine, der sie unermüdlich
verlangt, hält sie für höchst profitlich;
doch der, von dem sie unerbittlich
(und zwar durchaus nicht immer friedlich)
verlangt wird, nur für ungemütlich -
sie stiehlt ihm oft die beste Zeit!

NEUES

Man hört bisweilen klagen,
die Welt sei doch recht öde,
weil sie uns sozusagen
kaum noch was Neues böte.
Die Klage klingt skurril
und macht mich höchstens lachen:
wer etwas Neues will,
muß etwas Neues m a c h e n !

LORBEEREN

Sie gelten, falls nicht angestaubt,
auf dem damit bekränzten Haupt
als ehrenvoller Siegespreis;
und es empfielt sich, wie man weiß,
sich nicht auf ihnen auszuruh'n.
Bei denen, die es trotzdem tun,
muß man sich allerdings doch fragen,
an welcher Stelle sie sie tragen ...

BESCHEIDENHEIT

Bescheidenen ist es ja eigen,
daß sie mehr können als sie zeigen.
Jedoch ihr Geltungs-Desinteresse
zeugt nur von höchster Raffinesse:
der Kunst, die Welt gewissermaßen
von selbst hcrausfinden zu lassen,
was man denn (so ganz nebenbei)
doch für ein toller Knabe sei.

ZWEI SEITEN EINER MEDAILLE

Die Geizigen sind seltsam - nie
erlebt man sie spendabel;
sich selbst und andern zählen sie
die Bissen in den Schnabel ...
Als Zeitgenossen sicherlich
sind sie daher nichts wert;
jedoch als Vorfahrn finde ich
sie gar nicht so verkehrt!

GELD

Man hört manchmal so nebenbei,
daß Geld ein großes Übel sei.
Ich halte es nicht für so groß -
man ist es ja schnell wieder los!

WECHSELWIRKUNGEN

Es gibt ja Leute auf der Welt,
die machen einfach falsches Geld,
und das nicht erst seit heute.
Doch Kluge haben festgestellt,
daß sich's auch umgekehrt verhält:
das Geld - - macht falsche Leute!

WOHLSTAND

Verachtung für das eitle Streben,
beständig Reichtum anzuhäufeln,
soll es tatsächlich häufig geben;
doch es ist nicht daran zu zweifeln:
die einzigen, die ihn verteufeln,
sind stets nur die, die in ihm leben ...

SPARSAMKEIT

Es gilt als sicher untermauert,
daß Tugend Laster überdauert.
Wen wundert dies denn aber auch -
bei derart schonendem Gebrauch!

LOGISCH

Du triffst auf Leute dann und wann,
die schwören Stein und Bein
(und geben auch noch damit an),
von Lastern frei zu sein.
Gesetzt den Fall, dies träfe zu -
dann dürft' es dich zumindest
nicht wundern, wenn bei ihnen du
auch T u g e n d e n nicht findest!

FRÖMMIGKEIT

Wer glaubt, der Fromme sei auch gut,
und daß er deshalb Gutes tut,
sei eines Besseren belehrt:
es ist gerade umgekehrt!

GRÖSSE

Wir tun, wenn wir durchs Leben wandern,
ganz brav das eine nach dem andern.
Ein großer Mann zeigt dadurch Mut,
daß er das eine vorher tut.

FRAGWÜRDIGER FORTSCHRITT

Wer glaubt, daß wir im Fortschritt fänden,
was selig macht, der soll bedenken:
einst pflegte man sein Herz zu schenken -
heut pflegt man es nur noch zu - spenden ...

DIE AUFHEBUNG DES DUALISMUS

Es gibt zwei Arten nur von echten
Tragödien, denen wir erliegen:
wenn wir nicht kriegen, was wir möchten,
und - schlimmer fast - wenn wir es kriegen.

LETZTE DINGE

Der Mensch - so wird behauptet - sei
der Schöpfung allerletzter Schrei.
Wenn auch so manches dafür spricht:
ihr letztes Wort ist er noch nicht.

DIPLOMATIE

Ihr ist die hohe Kunst zu eigen,
dort, wo´s drauf ankommt, dann und wann
mit tausend Worten zu verschweigen,
was man mit einem sagen kann.

POLITIK UND PHILOSOPHIE

Philosophie vermag mitnichten
in Politik was auszurichten.
Jedoch - und das weiß jedermann -
sie richtet dort oft sehr viel an.

VERSTAND

Wer all die Dinge hört und liest,
die täglich um uns her passieren,
der kann, wenn er empfänglich ist,
fast den Verstand dabei verlieren.
Wer glaubt, er sei davor geschützt,
und daß er's übertrieben fände,
zeigt so nur, daß er nichts besitzt,
was er dabei verlieren könnte.

ENTARTUNG, EIN AKROSTICHON

Man weiß: am Anfang war das Wort.
In irgendeiner Schöpfungsphase
erschien der Mensch; und da, sofort,
stand fest: am Ende steht – die Phrase.

CIRCULUS VITIOSUS

Um's in der Welt zu was zu bringen,
empfiehlt es sich vor allen Dingen,
daß man die andern glauben macht,
man habe es zu was gebracht.

NICHT UMKEHRBAR

Für einen guten Kompromiß
ist große Kunst vonnöten,
doch läßt sich große Kunst gewiß
durch Kompromiß nur töten.

ZWEISCHNEIDIG

Bonmots erzeugen nicht n u r Lachen,
und sei'n sie noch so gut geglückt;
und Freunde kann man sich nur machen
mit solchen, die man unterdrückt...

NICHTS IST VOLLKOMMEN

Glück lacht uns selten ungetrübt.
Gesetzt den Fall, uns riefe
ein Sommertag am See, dann gibt
es Mücken inclusive.

STIMMUNGSBILDER

AM MORGEN

Der Wiesenbach
fließt allgemach
durch sein gewund'nes Bette;
es hält der Fink
am Ufer flink
die Morgentoilette.

Schon läßt er wieder
aus dem Gefieder
die Wassertropfen perlen
und schwirrt zum Nest
hoch im Geäst
der Weiden (oder Erlen).

Der Sonne Licht -
erweckt es nicht
ein munteres Geklingel?
Sein Widerschein
erzeugt am Stein
rasch hüpfend bunte Kringel.

Und manches Mal,
im Sonnenstrahl,
sieht man ein Fischlein zappeln;
der Laubfrosch lauscht,
und leise rauscht
das Blätterwerk der Pappeln.

Doch aus dem Bach -
wer schnappte nach
der schillernden Libelle?
Ja, was glaubst du -
das war Franz Schu-
berts launische Forelle!

AM ABEND

Allmählich wird es dämmerig -
ganz stille liegt der Weiher;
und auf den Wiesen bilden sich
die ersten Nebelschleier.

Ein milder, wundersamer Duft
verbreitet sich im Ganzen;
und in der feuchten Abendluft
sieht man die Mücken tanzen.

Jedoch im Teich, geheimnisvoll,
da spiegelt sich das Mondlicht ...
du fragst, ob ich schon gehen soll?
Ich glaube fast, das lohnt nicht -

der Weg ist mir ja viel zu lang,
auch wird es bald schon kalt;
und außerdem ist mir so bang
im großen, finstern Wald,

wenn's in den Wipfeln rauscht, so sacht
als wie von Äolsharfen;
drum laß mich lieber heute nacht
bei Dir, o Liebste, schlafen ...

AM SEE

Ganz mild ist heut am See die Luft,
ich fühle mich so wohl;
vom nahen Birkenwäldchen ruft
melodisch der Pirol.

Vor mir, aus dichtem Uferrohr -
welch liebliches Entzücken! -
kommt Entenmutter stolz hervor
mit sieben kleinen Küken!

Sie trachten emsig und vergnügt,
bei Piepsen und bei Schnattern,
was da so krabbelt oder fliegt,
zum Nachtmahl zu ergattern,

und lassen sich nach ihrem Schmaus
am Ufersaume nieder;
dort putzen sie den weichen Flaus
und geben dem Gefieder

zum Schluß ein wenig Bürzelfett
als letzte Politur,
und geh'n im Entenmarsch zu Bett
am Busen der Natur.

Ach, wenn ich doch so sorgenlos
auch einmal leben könnte -
was scherte mich das Morgen groß?
so wenig wie die Ente!

AUF SEE

Der Wind geht steif, ich hör ihn in
den Wanten kräftig rauschen;
er fährt mir durch mein Stoppelkinn
und läßt die Segel bauschen.

Der Himmel und die See sind grau,
die See mit weißen Kronen;
im Magen ist mir ziemlich flau -
ich brauch 'ne Büchse Bohnen.

Ich bin bis auf die Haut durchnäßt,
jedoch es stört mich wenig;
ich halt mich an der Reling fest
und fühl mich wie ein König.

Der Salzgischt brennt mir auf der Haut;
und über mich hinweg
streicht eine Möwe, kreischend, laut,
und scheißt mir auf das Deck.

Der Wind geht steif, ich hör ihn in
den Wanten kräftig rauschen;
ich spür, daß ich am Leben bin
und möcht mit keinem tauschen.

DIE KIRCHENMAUS

In einem kleinen Gotteshaus
in unserer Propstei,
da lebte eine Kirchenmaus
vorn in der Sakristei.

Das Leben war entbehrungsreich
in dieser Diözese,
denn in den Kirchen gab's kein Fleisch -
nicht mal ein Stückchen Käse!

So lebte sie recht ärmlich dort,
jedoch sie tat es gern;
denn sie genoß an diesem Ort
den Segen unsres Herrn.

Auch gingen Kost sowie Logis
zu Lasten der Gemeinde;
und außerdem - hier hatte sie
letztendlich keine Feinde:

der Teufel kam ja niemals in
die Kirche; und vorm Tode
bewahrte sie doch immerhin
das fünfte der Gebote.

Am Sonntag, nach dem Schlußchoral
und nach dem letzten Amen,
ernährte sie sich allemal
vom Abendmahlsbrosamen.

Das wurde ihr auch noch versüßt
durch liebliches Geläute ...
und falls sie nicht gestorben ist,
lebt sie dort auch noch heute.

NÄCHTLICHER SPUK

Nacht ist's im Hause, und nichts stört
des Menschen tiefe Ruhe;
doch als es zwölfe schlägt, da fährt
der Geist in ein Paar Schuhe.

Es muß sich täglich schützend um
des Menschen Sohlen schließen,
doch dieser tritt hinwiederum
es dafür nur mit Füßen!

Als Paar, das es doch ist, erlebt
es nie vereintes Glück;
denn während einer vorwärts strebt,
bleibt sein Pendant zurück.

Doch nie vermögen sie zu klagen,
denn - ach! - sie leben stumm,
und mit Ergebenheit ertragen
sie ihr Martyrium.

Nur einmal nachts, zur Geisterstunde,
erwachen sie zum Leben
und dürfen dann beredte Kunde
von ihrem Leiden geben.

Doch schlägt es eins, dann fallen sie
zurück in tiefes Schweigen,
um sich in stiller Harmonie
einander zuzuneigen.

Dann tun sie für den Rest der Nacht,
was sie am Tag versäumt.
Dem Menschen ist, wenn er erwacht,
als hätt' er schlecht geträumt ...

LÄNDLICHE IDYLLE

Schön ist es, wenn nach langer Nacht
das Dorf aus seinem Schlaf erwacht:
die Henne macht ein Mordsgeschrei,
und zwar um jedes einz'ge Ei;
die Buben patschen in der Pfütze,
denn auf dem Teich schwimmt Entengrütze.

Im Stalle hört man Ferkel quieken;
die Ente ruft nach ihren Küken -
bedacht, daß sie auch keins vergesse;
die Katze heuchelt Desinteresse
und schließet (scheinbar träg) die Lider,
jedoch ihr Schwanz zuckt hin und wieder.

Der Hofhund zeigt ganz ungeniert,
daß ihn heut g a r nichts interessiert
und träumt stattdessen von der Jagd ...
Der Knecht kommt heimlich von der Magd,
im Hause duftet es nach Gülle - -
welch lieblich-ländliche Idylle!

REGENTAG

Der Regen rinnt,
der Regen rinnt,
die Wolken hängen tief;
es schreit ein Kind,
es pfeift der Wind
und macht die Bäume schief.

Im Loch der Maus
(o Schreck, o Graus!) -
da bildet sich ein Strudel;
sie kommt heraus
und sieht ganz aus
wie ein begoss'ner Pudel.

Der arme Has'
im nassen Gras
ist nahe am Ersaufen;
und ich bin naß,
weil ich vergaß,
mir einen Schirm zu kaufen.

Es wär auch gut,
sich einen Hut
aus Ölzeug zu besorgen;
doch bei der Flut
fehlt mir der Mut -
drum warte ich bis morgen.

Wenn sie geschwind
vergriffen sind -
na ja, dann pfeif ich drauf.
Der Regen rinnt,
der Regen rinnt -
wann hört er endlich auf?

SOMMERTAG

Wattewölkchen ziehn am Himmel,
leise glucksend liegt der See;
und die Hummeln, mit Gewimmel,
sammeln Blütenstaub im Klee ...

Regenbogenfarbig schimmern
Wasserjungfern und Libellen;
Sommerluft gerät ins Flimmern,
und ein Frosch schlägt kleine Wellen.

Schmetterlinge sieht man taumeln
in der blütenbunten Wiese;
und vom Steg ins Wasser baumeln
voller Wonne meine Füße.

Und so wonnevoll wie diese
baumelt heute auch mein Geist,
der in solchem Paradiese
sich als viel zu faul erweist,

noch mehr Unsinn auszubrüten -
darum läßt er es nun bleiben;
und - ich werde mich auch hüten,
ihn zu sowas anzutreiben!

VON DER LIEBE

DAS SCHÖNSTE

Ein Freund versuchte, mir zu schildern,
was ihn entzückt in Wald und Flur;
in herrlichen und bunten Bildern
pries er die Wunder der Natur;

vor allem, daß ihn diese Schätze
doch stets von Herzen machten froh,
und fragte, was denn m i c h ergötze,
und ich antwortete ihm so:

Denk dir, du kommst an eine Wiese
an steilem Weg in großer Höh',
und ganz entzückt betrittst du diese
und siehst tief unten einen See;

er glänzt und glitzert in der Sonne,
und Blumen blühen um dich her;
du stehst begeistert, voller Wonne,
und keine Sorge drückt dich mehr.

Dein Herz wird weit und öffnet sich
und singt und jubiliert im Glücke -
genauso geht es m i r , wenn ich
der Liebsten in die Augen blicke!

DIE BEIDEN KLAMMERN

An einer Wäscheleine hing
ein Laken; von den Klammern,
die dieses Laken hielten, fing
die eine an zu jammern.

Sie himmelte die andre an,
die ihr grad gegenüber;
das aber war ein Klammermann,
zu dem sprach sie:"Ach, Lieber,

könnt'st du mit deinen Armen mich
ganz zärtlich nur umfassen,
o glaube mir, ich würde dich
nie wieder gehen lassen -

dein Bild erstrahlt in mir so hell
vom Fuße bis zum Scheitel ..."
in dem Moment kam die Mamsell
und warf sie in den Beutel.

Doch als sie lagen beieinand',
hat sie nicht mehr gejammert;
da hat sie sich mit Fuß und Hand
ganz eng an ihn geklammert.

Und glücklich hielten sie sich bei
den Händen viele Stunden -
ach ja, es ist so schön, wenn zwei
sich endlich doch gefunden!

DER MOND

Der Mond ist doch ein irgendwie
vertrackter Gegenstand:
er ist für die Astronomie
nichts als ein Erdtrabant.

Aus einer andern Wissenschaft
weiß man auch herzuleiten,
daß er mit seiner Schwere Kraft
beeinflußt die Gezeiten.

Für Astronauten (deren Zahl
gering) ist unser Mond
aus eruptivem Mineral
und gänzlich unbewohnt.

Für einen, der darauf bedacht,
daß er verborgen bliebe
(und ganz besonders in der Nacht),
ist er ein Feind der Diebe.

Wer gerne frönt dem Alkohol,
dem ist seit langem klar:
der Mond ist hin und wieder voll
(rund dreizehn mal im Jahr).

Doch jenem, dem sein mildes Licht
erweckt geheime Triebe -
grad wie der Liebsten Angesicht -
ist er ein Freund der Liebe!

DIALOG ZWEIER LIEBENDER
BEIM ANBLICK DES MONDES

Sieh, der Mond ist rund und voll!
   Du fragst, ob ich gehen soll?

Lieblich ist er anzusehn -
   M u ß ich denn schon wirklich gehn?

leuchtet uns als runde Scheibe -
   Fragst Du nicht, ob ich noch bleibe?

schau ihn an, den großen, runden,
   Aber höchstens ein paar Stunden ...

wie er leuchtet, sieh nur, sieh!
   ... oder doch bis morgen früh?

Siehst Du seinen Zauberglanz?
   Wenn Du willst, so bleib ich ganz -

Mich verwirrt sein sanfter Schimmer ...
   ach, ich glaub, ich bleib für immer ...

DER WALDSCHRAT UND DIE ELFE

Ein Waldschrat - wegen einer Elfe
in großer Liebesglut entbrannt -
der hatte sich, daß sie ihm helfe,
an eine gute Fee gewandt.

Daß sich die Elfe vor ihm graute,
nahm er zutiefst zerknirscht zur Kenntnis;
doch wer ihn einmal nur beschaute,
der hatte für sie gleich Verständnis.

Sie war durch nichts zu überreden,
mit dem Verliebten anzubandeln;
drum hatte er die Fee gebeten,
ihn zum Adonis zu verwandeln.

Sie tat, worum er sie gebeten -
da war die Lage umgekehrt;
und es begann ihn anzuöden,
daß alle plötzlich i h n begehrt.

Die Elfe, die er einst so sehnlich
umworben, ließ ihn plötzlich kühle;
er sah die Dinge unpersönlich
und stellte fest, daß die Gefühle

sich ganz ins Gegenteil verkehrten ...
Da wurde ihm denn schließlich klar,
daß - mehr noch, als geliebt zu w e r d e n -
zu l i e b e n wirklich wichtig war.

Und so begab er sich voll Reue
zur Fee; und die - zu seinem Glück -
verwandelte ihn flugs aufs Neue
zum Waldschrat, der er war, zurück.

MIT DIR ...

Ich möcht' mit dir einmal in Baden-Baden baden
und dich in einen Schokoladenladen laden.

Mit dir mal über grünen Rasen rasen
und Kühlung deiner Füße Blasen blasen.

Ich möchte dicht an deinen Rücken rücken,
den Hut vor dir auch vor Entzücken zücken;

möcht' eine Ode dir im Wald, im dichten, dichten -
jedoch nur d i r allein - mitnichten Nichten!

MATHEMATISCHES WUNDER

Ein kluger Mann tut gut daran,
nach einer Frau zu streben,
denn dem, der sie gewinnen kann,
v e r e i n f a c h t sie das Leben.

Daß es noch weit're Gründe gibt,
weiß man nicht erst seit heute,
denn dem, der sie von Herzen liebt,
v e r d o p p e l t sie die Freude!

So steht er denn mit ihr auch nie
auf ganz verlor'nem Posten.
Nur eines muß er wissen: sie
v e r d r e i f a c h t seine Kosten ...

TEURES

Worauf der Wert der Frau beruht,
kann man verschieden sehn;
die eine ist von Herzen gut,
die andere ist schön.

Und jede ziert uns anderwärts
und kann zur Freude taugen;
die erstere erfreut das Herz,
die letztere die Augen.

So wird sie uns stets teuer sein
an dem ihr eignen Platz:
die letzt're wie ein Edelstein,
die erst're wie ein - Schatz.

WARUM LIEBE DURCH DEN MAGEN GEHT

Vor einem Schritt ins Eheleben
schau'n wir, ob es Indizien gibt,
die uns darüber Aufschluß geben,
ob man den Partner wirklich liebt.

Nun - solche gibt es, wie mich deucht:
z. B. wenn man sich zu zweit
nicht nur aufs Nachtmahl - das ist leicht! -
sondern auch noch aufs Frühstück freut.

PRIORITÄTEN

Der Löwe, dieses faule Vieh,
läßt seine Damen jagen
und füllt trotzdem - das dulden sie! -
als erster seinen Magen.

Warum? Ich hörte Zoologen
vom Löwen einmal sagen,
er sei - auf Liebesfleiß bezogen -
im Tierreich nicht zu schlagen.

Die Damen scheinen's offenbar
dankbar anzuerkennen ...
Ob er dabei stets zärtlich war?
D a s würd' ich ihnen gönnen!

FRIEDENSSTRATEGIE

Wenn's stimmt, daß Ehen Frieden stiften -
zumindest wird dies oft geglaubt -
dann könnte man die Welt entgiften,
wenn man - Vielweiberei erlaubt.

EINE ÜBERIRDISCH-
UNTERIRDISCHE GESCHICHTE.

Ich kenne einen Regenwurm,
den lockte diese Woche
ein heftiger Gewittersturm
hervor aus seinem Loche.

Und als er um sich blickte, da
war es um ihn geschehn,
weil er die schönste Würmin sah,
die jemals er gesehn.

Kein Maler wäre je imstand -
auch nicht in kühnsten Bildern -
den Liebreiz, den er in ihr fand,
nur annähernd zu schildern.

Doch auch bei ihr war's dann passiert -
es war fast wie im Märchen:
kaum hatten sie sich zart berührt,
da war'n sie schon ein Pärchen.

Sie taten sich zusammen und
verschwanden unterm Rasen;
dort wollten sie sich dann zum Bund
fürs Leben segnen lassen.

Wie's weiter geht in dem Bericht?
Verlor sie aus den Augen;
man kann ja sowas schließlich nicht
sich aus den Fingern saugen!

Wer's wissen will, der muß wie ich
halt in Geduld sich fassen,
bis unsre beiden Helden sich
mal wieder blicken lassen.

Und bist du wirklich scharf darauf,
mußt du in deinem Garten
mit Blickrichtung zum Boden auf
den nächsten Regen warten.

BEWÄLTIGUNG

Mit Kummer, Trauer und mit Sorgen
um das so ungewisse Morgen,
mit alledem, was widerwärtig,
wird man zur Not alleine fertig.

Doch freudige Begebenheiten,
Empfindungen, die Glück bereiten,
Erfahrungen, die uns begeistern,
sind freilich nur zu zweit zu meistern.

NON PLUS ULTRA

Ein gutes Buch, ein Gläschen Wein,
das große Glück, gesund zu sein,

Gelassenheit, Erfolg im Leben,
von guten Freunden stets umgeben,

ein unbelastetes Gewissen,
Verstand, dies alles zu genießen,

und Sonnenschein, und Vogelsang,
ein hübsches Konto auf der Bank -

ob das wohl noch zu steigern ist?
Ja - wenn man es zu zweit genießt!

ZUM AUSKLANG: GESCHÜTTELTES

Die Verse sind nicht sehr gelungen -
vermutlich bin ich leergesungen.
Es sind nicht grade weise Lieder,
drum gab ich sie nur leise wieder.

Doch die, die über meine lachen,
soll'n sie erst mal alleine machen!
Und wenn an mir die Massen kritteln,
dann - hoff' ich - nicht mit krassen Mitteln.

Und jeder, der glaubt, Grund zu haben,
stets nach dem dicken Hund zu graben,
der sei, statt über mich zu lachen,
bemüht, es ordentlich zu machen!

Doch ehe mich die Leute hassen,
will ich den Kram für heute lassen;
ich schließe jetzt die kleine Mappe
und halte erstmal meine Klappe.

192